W0232795

Das Selbst-versorger-kochbuch

Susanne Rieder

Das Selbstversorgerkochbuch

Ernten Sammeln Zubereiten

Originalausgabe

verlegt durch EGMONT Verlagsgesellschaften mbH,
Gertrudenstraße 30–36, 50667 Köln

1. Auflage
Redaktion: Yvonne Tiedt
Produktion: Simone Nauerth
Foodfotos: Stephan Wieland, Düsseldorf
und Cornelis Gollhardt, Köln
Foodstyling: Stephan Krauth, Köln
Umschlaggestaltung: Zero Werbeagentur, München
Umschlagfoto: Getty Images/Paul Avis
Layout: Angela May Grafikdesign & Buchgestaltung, Mettmann
Tischdecke als Hintergrund der Seiten 44 – 83, Design und Hersteller: IKEA
Geschenkpapier als Hintergrund der Seiten 126 – 155, Design und Hersteller:
Braun + Company Papierwaren GmbH, 65239 Hochheim
Druck: Himmer AG, Augsburg
ISBN 978-3-8025-3705-9

www.vgs.de

Inhalt

Vorwort 6
Die in diesem Buch verwendeten Symbole 7
Bevor Sie beginnen 8
Einleitung 9

Frühling: Mit grüner Frische ins Jahr 12

Salate 14
Suppen 20
Sonderthema: Vorratshaltung von (Wild-) Kräutern . 22
Hauptgerichte 26
Sonderthema: Hausgemachte Nudeln 30
Sonderthema: Joghurt und Frischkäse selbst gemacht 36
Desserts 38
Sonderthema: Essig, Öl, Pesto 42

Sommer: Unter der Sonne gereifte Köstlichkeiten 44

Sonderthema: Sirup und Obstsäfte selbst gemacht 46
Salate 48
Suppen 52
Sonderthema: Konservieren mit Essig 54
Hauptgerichte 56
Sonderthema: Einmachen und Einkochen 72
Desserts 74
Sonderthema: Eis selbst machen 80
Sonderthema: Trocknen und dörren . . 82

Herbst: Zeit der Ernte 84

Sonderthema: Richtig lagern 86
Salate 88
Suppen 93
Hauptgerichte 98
Sonderthema: Pilze sammeln und ziehen 100
Sonderthema: Chutneys, Relishes und Saucen 114
Desserts 117
Sonderthema: Rumtopf, Likör und Wein 124

Winter: Köstliches für die kalte Jahreszeit 126

Sonderthema: Säuern und salzen 128
Salate 130
Suppen 132
Hauptgerichte 134
Sonderthema: Brot backen 136
Desserts 150
Sonderthema: Früchte kandieren 152

Glossar 156
Adressen 158
Register 159

Vorwort

Sämtliche Rezepte in diesem Buch sind, soweit nicht anders angegeben, für vier Personen berechnet.

Auf den Versuch kommt es an!

Nichts schmeckt köstlicher als ein frischer Salat mit Tomaten vom Balkon oder ein duftender Kuchen mit eigenhändig gepflückten Äpfeln! Um den Speiseplan mit frischen und selbstgezogenen Lebensmitteln ergänzen zu können, kommt es nicht auf die Größe des eigenen Gartens oder Balkons an. Auch mein Garten ist nicht groß genug, um alles anbauen zu können, was wir als Vier-Personen-Haushalt das ganze Jahr über an Salat, Gemüse und Obst verzehren. Aber ich achte darauf, zusätzlich Produkte aus der Region zu kaufen, und hole deshalb meine Kartoffeln und Zwiebeln bei einem Bauern, der mein Vertrauen genießt. Darüber hinaus nutze ich, wann immer dies möglich ist, die Gelegenheit, Kräuter direkt in freier Natur zu suchen oder auf Erdbeer-, Himbeer- oder Obstplantagen selbst frische Früchte zu pflücken.
Seien Sie kreativ und probieren einfach selbst einmal aus, möglichst viele Zutaten Ihres Speiseplans selbst zu pflücken und zu verarbeiten. Ich wünsche Ihnen viel Spaß mit diesen Rezepten und beim Anbauen Ihres eigenen Obst und Gemüses.

Susanne Rieder

Die in diesem Buch verwendeten Symbole:

Von Feld, Wald und Wiese: Zutaten, die einem während eines Spaziergangs „in den Schoß fallen". Achten Sie beim Sammeln stets darauf, die richtigen Pflanzen zu pflücken, da sich etwa Bärlauch und das äußerst giftige Maiglöckchen sehr ähnlich sehen.

Aus dem eigenen Garten: Köstlichkeiten für den Anbau in Beeten und Gewächshäusern. Um das selbst angebaute Obst und Gemüse rund ums Jahr genießen zu können, finden Sie im Buch neben den Rezepten zahlreiche Tipps zur Haltbarmachung und Lagerung.

Von Terrasse, Balkon und Fensterbank: Leckeres zum Anbau auch ohne Garten. Oft reicht schon ein kleiner Platz am hellen Fenster, um frische Kräuter ziehen zu können.

Gutes zum Selbstmachen: Nudeln, Brot oder Ketchup aus eigener Produktion? Hier finden Sie das Rezept.

Bevor Sie beginnen:

Manchmal finden Sie ein typisches Sommergemüse wie beispielsweise Tomaten nicht nur im Sommer-, sondern auch im Winterkapitel. Die Suche können Sie sich durch einen Blick ins Register erleichtern, hier stehen neben einer Übersicht der Rezepttitel alle Zutaten noch einmal von A bis Z aufgelistet.

Sofern nicht anders angegeben, entspricht

1 TL = 5 g
1 EL = 15 g

Die Angaben in den Rezepten beziehen sich auf Eier mittlerer Größe und bei Milch auf einen Fettgehalt von 3,5 %.

Vereinzelt enthalten Gerichte dieses Buches Nüsse oder Nussöl. Allergiekranke oder zu Allergien neigende Personen sollten auf den Verzehr dieser Gerichte verzichten.

Sämtliche Temperaturangaben für den Ofen sind auf Ober-/Unterhitze bezogen.

Einleitung

Wozu ein Selbstversorgerkochbuch? Weil die eigene Herstellung Spaß macht und man ganz nebenbei sichergehen kann, nur frische, einwandfreie und unbedenkliche Lebensmittel für die eigene Ernährung zu verwenden. Vom Umgraben und Vorbereiten der Beete über das Aussäen und Anpflanzen bis hin zur Ernte von Obst und Gemüse liegt alles in der eigenen Hand. Auch bei der Verarbeitung und Haltbarmachung kann man unter zahlreichen Möglichkeiten wählen. Unter dem Motto „Frisch auf den Tisch" enthalten Gemüse und Obst aus dem Eigenanbau deutlich mehr Vitamine, Spurenelemente und Nährstoffe als Produkte aus dem Supermarkt. Es gibt keine langen Transportwege, keine Lagerung in Kühlhallen und die Produkte werden auch wirklich erst geerntet, wenn sie reif sind. So bleibt der volle Geschmack erhalten, und das Aroma kann sich optimal entfalten. Wer Wert auf BIO legt, ist beim eigenen Gemüse und Obst immer auf der sicheren Seite, denn Sie bestimmen selbst, welchen Dünger und wie viel Sie davon verwenden.

Künstlicher Dünger ist dabei in der Regel nicht notwendig, Kompost und Mist reichen meist aus – nicht alles, was im Garten wächst, mag frisch gedüngten Boden. Um ideale Bedingungen zu schaffen, werden die Beete schon im zeitigen Frühjahr aufgeteilt, eines mit viel Kompost für die stark zehrenden Gemüsesorten, die einen großen Nährstoffbedarf haben wie beispielsweise Zucchini, alle Kohlsorten, Gurken, Sellerie und Kartoffeln. Ein Beet ist für die schwach zehrenden Gemüsesorten, die keinen neuen Kompost oder Mist bekommen. Zu diesen gehören unter anderem Bohnen, Zwiebeln, Feldsalat, Erbsen und Radieschen. Die meisten anderen Gemüsesorten haben einen mittleren Nährstoffbedarf. Die Erde dieses Beetes wird lediglich mit etwas frischem Kompost gemischt. Damit der Boden nicht einseitig ausgelaugt wird, müssen die Beete immer wieder gewechselt werden und die verschiedenen Gemüsesorten jährlich an anderer Stelle angebaut werden.

Kräuter, Gemüse und Obst auf Terrasse und Balkon

Natürlich hat nicht jeder die Möglichkeit, Obst und Gemüse im eigenen Garten anzubauen, aber auch auf Balkon und Terrasse lässt sich einiges ernten. Kräuter beispielsweise gedeihen hervorragend in Blumentöpfen oder Balkonkästen und Tomaten wachsen problemlos in Kübeln. Auch verschiedene Kohlarten wie Rotkohl, Weißkohl, Wirsing oder Kohlrabi lassen sich in ausreichend großen Töpfen auf Balkon oder Terrasse ziehen. Sogar Kartoffeln kann man in Eimern oder Kisten anbauen. Wer an einer geschützten Ecke seines Balkons oder seiner Terrasse ein Spalier hochzieht, kann sich selbst über gute Ergebnisse bei der Gurkenernte freuen. Der Phantasie sind beim Anbau kaum Grenzen gesetzt und man sollte ruhig einfach einiges ausprobieren. Wem dies aber nicht ausreicht, der kann sich nach einem Garten bei einem Kleingartenverein umsehen oder ein Stück Acker bei einem Bauern pachten. Gerade am Stadtrand bieten dies heutzutage viele Landwirte an.

Auch exotische Bäumchen sehen auf Fensterbank, Terrasse und Balkon nicht nur dekorativ aus, sondern bringen gelegentlich schmackhafte Früchte hervor. Fast jeder hat es schon einmal probiert: Aus einem Avocadokern eine kleine Pflanze zu ziehen, gelingt meist noch, sie zu einem Früchte tragenden Bäumchen zu machen, ist schon bedeutend schwieriger. Dagegen gedeihen Zitrusbäumchen wie Mandarinen, Orangen, Zitronen oder Limetten meist problemlos. Zum Überwintern müssen sie in jedem Fall ins Zimmer, aber aufgepasst: Direkt neben der Heizung ist nicht der richtige Platz! Einige Exoten können an geeigneten Plätzen auch im Garten überwintern. So wachsen bestimmte Kiwisorten an geschützten sonnigen Gartenzäunen oder als Spalierobst relativ gut. Zwar tragen sie auch Früchte, allerdings bleiben diese im Vergleich zu den im Handel angebotenen Früchten sehr klein. Aprikosen- und Pfirsichbäumchen haben an der sonnigen Südseite eines Hauses, die auch noch wind- und wettergeschützt ist, eine Chance.

Schädlingsbekämpfung, aber mit Köpfchen

Egal, ob auf dem Balkon oder im eigenen Garten, chemische Schädlingsbekämpfung muss nicht sein. Es geht schließlich nicht darum, das schönste und größte Obst oder Gemüse zu ernten, sondern gesundes und aromatisches. Oft ist es sogar so, dass mit zunehmendem Einsatz von Bekämpfungsmitteln vermehrt Schädlinge auftreten, da durch die chemische Keule immer auch die Nützlinge vernichtet werden. Viel besser ist es also, das Wohl dieser natürlichen „Helferlein" zu fördern: Stellen Sie im Winter Futterhäuschen auf und hängen Sie im Frühling Nistkästen, beispielsweise für Meisen, in die Bäume. Die kleinen Vögel ernähren sich von Blattläusen, kleinen Raupen und anderen Insekten, von denen die meisten auf Obstbäumen und Gemüsepflanzen nicht gern gesehen sind. Bis zu zweimal im Jahr brüten die fleißigen Vögel und haben jedes Mal 6–8 hungrige Junge, die gefüttert werden wollen.

Auch ein sogenanntes Insektenhotel lockt allerhand nützliches Getier wie beispielsweise Ohrwürmer oder Florfliegen in den Garten. Der Bau ist gar nicht so schwierig, es gibt sie aber auch im Handel zu kaufen. So halten Sie Ihren Garten auf natürliche Weise gesund. Ihr Obst und Gemüse wird es Ihnen danken und Sie können sich darauf verlassen, dass alles BIO ist!

Frühling

Mit grüner Frische ins Jahr

Salate	14–19
Suppen	20–25
Hauptgerichte	26–35
Desserts	38–41

Kopfsalat

Schon ab Ende Januar kann man Kopfsalat am Fenster vorziehen. Die Pflänzchen werden dann Ende Februar ins Frühbeet umgesetzt und ca. 4–6 Wochen später kann der erste erntefrische Salat genossen werden. Ab März kann man ihn auch direkt ins Freiland säen – der Boden muss allerdings schon aufgetaut und mindestens 5 °C warm sein. Sie sollten das Beet dann aber noch mit Vlies oder Folie abdecken. Auch Pflücksalat eignet sich für die Aussaat ins Freiland ab März. Oft ist Salat, der direkt im Freien gezogen wird, genauso schnell erntereif wie Pflänzchen, die auf der Fensterbank vorgezogen wurden, da diese nach dem Umsetzen meist erst einmal einen Wachstumsstopp einlegen.

1	kleiner Kopfsalat
4 EL	Aceto Balsamico
	Salz
1 Prise	Zucker
6 EL	Olivenöl

1 Kopfsalat in Blätter teilen, gründlich waschen und trockenschleudern.

2 Essig mit Salz, Zucker und Öl verrühren und über den Salat geben. Kurz unterheben und sofort servieren.

Tipp:

Für dieses Rezept eignen sich viele verschiedene Salate:
Lollo bianco ebenso wie Lollo rosso, Eichblattsalat, Feldsalat, Eissalat, Rucola oder Chicorée. Natürlich können die Salatsorten auch gemischt werden.

Frühlingssalat

Kaum ist der Schnee geschmolzen, schieben sich die ersten zarten Blättchen des Bärlauchs aus dem Boden. Man findet ihn nur im Frühling und die Blätter sollten am besten noch vor der Blüte – also von März bis Mai – geerntet werden. Aber Vorsicht beim Sammeln: Die Blätter sind unter Umständen mit denen der giftigen Herbstzeitlose und des ebenfalls giftigen Maiglöckchens verwechselbar! Verbreiten die Blätter beim Zerreiben zwischen den Fingern einen leichten Knoblauchgeruch, handelt es sich sicher um Bärlauch.

300 g	junger Spinat
1	Kopfsalatherz
70 g	junge Löwenzahnblätter
70 g	Bärlauchblätter
4	Tomaten
4 EL	Sherryessig
1 TL	mittelscharfer Senf
	Salz
	Pfeffer
8 EL	Rapsöl

1 Spinat verlesen, dicke Stiele entfernen, Kopfsalat putzen und in mundgerechte Stücke zupfen. Beides mit Löwenzahn und Bärlauch waschen und trocken schleudern. Tomaten waschen, Stielansatz entfernen und in Scheiben schneiden.

2 Für das Dressing Essig mit Senf, Salz, Pfeffer und Öl verrühren. Spinat, Kopfsalat, Löwenzahn, Bärlauch und Tomaten locker in einer Schüssel mischen, mit dem Dressing beträufeln und servieren.

Spinatsalat mit Radieschen

Radieschen können gut in gleicher Reihe mit anderem Saatgut wie etwa Karotten gesät werden. Sie keimen schon nach rund 8–10, Karotten erst nach 20–25 Tagen. Auch wachsen sie viel schneller, und bevor die Karotten richtige Fruchtstände bilden, sind die Radieschen schon geerntet. Damit das klappt, darf allerdings nicht zu eng gesät werden bzw. müssen zu dicht stehende Pflänzchen ausgezupft werden.

250 g	Spinat
10	Radieschen
½	Zwiebel
150 g	Naturjoghurt (s. S. 36)
1 EL	Öl
2 EL	Zitronensaft
	Salz
	Pfeffer
1 Prise	Zucker

1 Spinat verlesen, dicke Stiele entfernen, gründlich waschen und gut abtropfen lassen. Blätter in feine Streifen schneiden.
2 Radieschen waschen und in dünne Scheiben schneiden. Zwiebel schälen und fein hacken. Alle Salatzutaten mischen.
3 Für das Dressing Joghurt, Öl, Zitronensaft, Salz und Zucker verrühren. Über den Salat geben, kurz unterheben und sofort servieren.

Radieschen-Nudel-Salat

Radieschen sind schon 6–7 Wochen nach der Aussaat erntereif und können alle 2–3 Wochen nachgesät werden. Achten Sie jedoch darauf, dass sie ab April mittelfrühe und ab Mitte Mai späte Sorten aussäen, da die Pflänzchen sonst ins Kraut „schießen" ohne die begehrten Knollen zu bilden.

200 g	kurze Makkaroni oder Penne
	Salz
3 EL	Weinessig
	weißer Pfeffer
2	Eier
2	Bund Radieschen
1	Handvoll Kresse
6	Stängel Petersilie
4	Tomaten
100 g	Gouda
200 g	saure Sahne

1 Nudeln in reichlich kochendem Salzwasser nach Packungsangabe bissfest garen. In ein Sieb abgießen und kurz mit kaltem Wasser abschrecken, gut abtropfen lassen. Die Pasta in eine Salatschüssel geben, mit Essig, 1 Prise Salz und etwas Pfeffer würzen.

2 Eier in ca. 10 Minuten hart kochen, kalt abschrecken, schälen und in Scheiben schneiden. Radieschen putzen, waschen und in feine Scheiben schneiden. Kresse und Petersilie in einem Sieb waschen, trocken schleudern und fein hacken. Tomaten waschen, halbieren, Stielansatz und Kerne entfernen, jede Hälfte in 6–8 Scheiben schneiden. Käse klein würfeln.

3 Radieschen, Kräuter, Käse und saure Sahne gut mit den Nudeln mischen. Tomaten und Eier unterheben. Salat abgedeckt 1–2 Stunden im Kühlschrank ziehen lassen.

Rettichsalat

Der Rettich ist ein Verwandter der Radieschen. Frühe Sorten können schon im März ins Freiland gesät werden. Späte Sorten wie der schwarze Winterrettich werden dagegen erst im Sommer gesät und können im Winter beispielsweise in einer Erdmiete (s. S. 86/87) gelagert werden. Rettiche grundsätzlich jung ernten, da sie sonst sehr scharf im Geschmack und holzig werden.

3	junge Rettiche
7–8 EL	Naturjoghurt (s. S. 36)
	Salz

1. Rettiche gründlich waschen, schälen und mit dem Gemüsehobel fein schneiden oder raspeln.
2. In einer Schüssel mit dem Joghurt mischen und mit Salz abschmecken.

Brunnenkressesuppe

Brunnenkresse findet man an sauberen Bachläufen oder am Ufer von Teichen. Sie schmeckt schärfer als Gartenkresse und ihr Geschmack ähnelt dem des Rettichs. Geerntet werden kann sie das ganze Jahr hindurch, allerdings schmecken die Blätter vor der Blüte nicht so bitter wie ältere Blätter. Brunnenkresse hat einen hohen Eisengehalt.

2	Zwiebeln
3–4	Handvoll Brunnenkresse
2 EL	Öl
1 l	Geflügelbrühe (s. unten)
	Salz
	Pfeffer
100 g	Suppennudeln

1 Zwiebeln schälen, halbieren und in feine Streifen schneiden. Brunnenkresse waschen, trocken schleudern und grob hacken.

2 Öl in einem großen Topf erhitzen. Zwiebeln und Brunnenkresse darin andünsten. Brühe zugießen, salzen und pfeffern, aufkochen und bei mittlerer Hitze ca. 20 Minuten köcheln lassen. Suppennudeln zufügen und in 3–5 Minuten bissfest garen.

Geflügelbrühe

1	Suppenhuhn mit Herz und Magen
1 Bund	Suppengemüse
	Salz

Huhn und Suppengemüse waschen. Huhn in einem großen Topf mit 2,5 l kaltem Salzwasser ansetzen und langsam aufkochen. Ca. 2 Stunden köcheln lassen, Suppengrün zugeben und nochmals 30 Minuten weiterköcheln lassen. Die Kochzeit kann je nach Größe und Alter des Huhns nach unten oder oben abweichen, am besten Sie schmecken die Suppe gelegentlich ab. Die Brühe durch ein Sieb geben. Hühnerfleisch vom Knochen lösen, in kleine Stücke schneiden und eventuell als Einlage zur Suppe reichen.

Vorratshaltung von (Wild-)Kräutern

Wildkräuter ernten und aufbewahren

Viele Wildpflanzen eignen sich hervorragend für Salate, als Gemüse oder Kräuter, um einem Gericht den richtigen Pfiff zu geben. Schafgarbe, junger Löwenzahn, junge Brennnesselblätter, Sauerampfer, Huflattich, Scharbockskraut, Brunnenkresse, Bärlauch, ja sogar Feldsalat wachsen auf unseren Wiesen und in hiesigen Wäldern. Man sollte aber unbedingt darauf achten, wo man die Pflanzen sammelt. Von gedüngten Wiesen oder an stark befahrenen Straßenrändern nimmt man besser nichts mit, denn dort können die Pflanzen mit zu vielen Schadstoffen belastet worden sein. Obwohl es viele Wildkräuter auch in städtischen Parks und Grünanlagen gibt, sollte man bedenken, dass dort viele Hundebesitzer ihre Lieblinge Gassi führen. „Finger weg!"gilt auch bei Pflanzen, von denen man sich nicht ganz sicher ist, ob sie essbar sind. Wer ganz sicher gehen will, pflanzt sich für den bedenkenlosen Genuss ein kleines Sortiment in den eigenen Garten oder auf den Balkon.

Wildkräuter sind nicht nur geschmacksintensiver als kultivierte Pflanzen, sie enthalten auch mehr Vitamine und Mineralstoffe. Sie sollten erst kurz vor dem Verbrauch geerntet und frisch verzehrt werden. Wenn dies nicht möglich ist, gibt es ein paar einfache Methoden, um sich einen Wildkräutervorrat anzulegen. Die Wildkräuter in ein Glas mit Wasser zu stellen, ist leider kein geeignetes Mittel, um sie für längere Zeit frisch zu halten. In einer Plastikdose mit Deckel überstehen Kräuter eine Nacht im Kühlschrank unbeschadet. Man kann sie auch mit etwas Wasser besprengen und locker in einen Gefrierbeutel füllen, die Tüte gut verschließen und ins Gemüsefach des Kühlschranks legen. Große Kräutermengen können Sie in ein leicht feuchtes Tuch geben und ebenfalls kühl lagern.

Einfrieren von (Wild-)Kräutern

Sollen die Wildkräuter länger aufbewahrt werden, ist Einfrieren eine gute Lösung. Natürlich können so auch selbst angebaute Küchenkräuter wie Schnittlauch, Petersilie, Dill, Thymian, Rosmarin, Liebstöckel, Sellerie usw. haltbar gemacht werden. Dazu werden die Blätter der Pflanze gründlich gewaschen, gut trocken geschleudert und je nach Wunsch grob oder fein gehackt. In saubere Gläser mit Schraubverschluss oder in kleine Plastikdosen mit Deckel verpackt, werden die Kräuter dann eingefroren. So können übrigens nicht nur einzelne Sorte eingefroren, sondern eine oder mehrere Kräutermischungen fertig zusammengestellt werden. Um zum Verfeinern von Suppen, Saucen oder Gemüsen gleich die richtigen Portionen parat zu haben, friert man die Kräuter am besten als Würfel ein. Dazu gibt man die fein gehackten Kräuter in einen Gefrierbehälter, packt diesen in eine Gefriertüte und ab in die Tiefkühltruhe. Am nächsten Tag nimmt man den Gefrierbehälter heraus, legt ein heißes Tuch darauf und löst so die gefrorenen Kräuterwürfel heraus. Diese werden sofort in eine Frischhaltetüte verpackt und bis zu ihrer Verwendung im Gefrierfach aufbewahrt.

Einfache Brennnesselsuppe

Brennnesseln findet man fast überall: im Wald, an Wegen und auch in verwilderten Gartenecken. Sie besitzen viel Vitamin C und stärken so das Immunsystem. Verwenden Sie nur junge Brennnesseltriebe, diese brennen nämlich noch nicht bzw. noch nicht so stark.

6	Handvoll junge Brennnesseln
2	Frühlingszwiebeln
1 ½ EL	Butter
1 ½ EL	Mehl
750 ml	Fleischbrühe (s. S. 94)
	Salz
	Pfeffer
3 EL	saure Sahne

1 Brennnesseln verlesen, gründlich waschen und in ca. 0,5 cm breite Streifen schneiden. Frühlingszwiebeln putzen, das Grün in Ringe schneiden und die Zwiebelchen fein hacken.

2 Butter in einem Topf zerlassen, Zwiebeln zufügen, kurz andünsten und mit Mehl bestäuben, kurz anschwitzen und mit Brühe aufgießen, aufkochen lassen und Brennnesseln zugeben. 10–15 Minuten köcheln lassen, mit Salz und Pfeffer abschmecken.

3 Brennnesselsuppe auf Teller verteilen und je einen Klecks saure Sahne daraufgeben.

Spargelsuppe

Spargel kann man im Garten anbauen, allerdings benötigt er sandigen Boden, viel Platz (alle 40 Zentimeter eine neue Pflanze), eine Menge Pflege und Zeit, bis er 3 Jahre später zum ersten Mal erntereif ist. Im April werden die Jungpflanzen in einen gut gedüngten Boden in 30–40 Zentimeter Tiefe gesetzt und mit etwa 10 Zentimeter Erde bedeckt. Im Laufe des Jahres wird immer wieder Erde angehäufelt, bis nach 3 Jahren ein fast 50 Zentimeter hoher Erdhügel entstanden ist. Das Kraut des Spargels muss regelmäßig zurückgeschnitten werden.

1 kg	weißer Spargel
	Salz
1	Zwiebel
1 EL	Butter
2 TL	Zucker
1 TL	gekörnte Fleischbrühe
200 g	Sahne
2 TL	Speisestärke
1 EL	eiskalte Butter
	weißer Pfeffer
	frisch gemahlene Muskatnuss
½	Bund Schnittlauch

1 Spargel schälen, holzige Enden entfernen. Spargelspitzen ca. 3 cm lang abschneiden und beiseite legen, restlichen Spargel in feine Scheiben schneiden. Schalen und Enden mit 1,5 l Wasser und 1 TL Salz in einem großen Topf 20–30 Minuten kochen.

2 Spargelfond durch ein Sieb abgießen und aufkochen. Spargelspitzen darin in 5–7 Minuten bissfest garen.

3 Zwiebel schälen und fein hacken. Butter in einem Topf erhitzen und die Zwiebel darin glasig dünsten. Mit 250 ml Spargelfond aufgießen, Spargelscheiben, Zucker und Brühe zugeben. Alles 15–20 Minuten köcheln lassen. Mit dem Stabmixer pürieren und Sahne einrühren. Stärke mit etwas Wasser glatt rühren und mit dem Schneebesen unter die Suppe schlagen. Einmal aufkochen lassen.

4 Butter in die Suppe geben und mit dem Stabmixer aufschäumen. Mit Salz, Pfeffer und Muskatnuss abschmecken. Spargelspitzen in die Suppe geben und kurz erwärmen. Schnittlauch waschen, trocken schleudern und in feine Röllchen schneiden. Suppe mit Schnittlauch bestreuen und servieren.

Pellkartoffeln mit Schnittlauchquark

Schnittlauch gedeiht nicht nur im Garten, sondern auch prima im Blumentopf oder Balkonkasten. Er ist pflegeleicht und kann das ganze Jahr über geerntet werden. Wichtig ist nur, dass er häufig geschnitten wird, denn so gelangt er nicht zur Blüte und treibt verstärkt aus.

16	kleinere Kartoffeln
	Salz
	Pfeffer
500 g	Sahnequark
125–250 ml	Milch
1	Bund Schnittlauch

1 Kartoffeln waschen und ca. 20 Minuten in Salzwasser gar kochen.

2 Quark mit Milch glatt rühren. Schnittlauch waschen, trocken schleudern und in dünne Röllchen schneiden. 1 EL zum Garnieren zurückbehalten, den Rest unter den Quark rühren, mit Salz abschmecken.

3 Quark mit dem übrigen Schnittlauch garnieren. Fertige Kartoffeln schälen und dazu servieren.

Tipp:

Statt Schnittlauch eignet sich für diesen Quark auch Kresse. Hierfür 1 Handvoll Kresse in einem Sieb waschen und trocken schleudern. Bis auf 1 Esslöffel alles unter den Quark heben. Mit dem übrigen Grün garnieren. Dazu passen neben Pellkartoffeln auch klein gehackte Zwiebeln und Gurkenwürfel.

Gefüllte Kohlrabi

Frühe Kohlrabisorten können schon im April ins Freiland. Die Pflänzchen sollten nicht zu tief in die Erde gesetzt werden, sonst bilden sie keine schönen runden Knollen. Diese sollten jung geerntet werden, da sie sonst leicht verholzen.

4	große Kohlrabi
	Salz
1	Zwiebel
½	Bund Petersilie
100 g	Käse nach Geschmack
300 g	gemischtes Hackfleisch
	frisch gemahlener Pfeffer
	Paprikapulver
3 EL	Sonnenblumenöl
250 ml	Fleischbrühe (s. S. 94)
5–6 EL	Sahne
3–4 TL	Tomatenketchup (s. S. 115)

1 Kohlrabi putzen, waschen und schälen. Vom Grün die kleinen Blätter hacken und beiseite legen. Kohlrabi in etwas Salzwasser in ca. 10 Minuten nicht zu weich garen. Oben einen Deckel abschneiden und untere Hälfte mit einem Teelöffel aushöhlen. Kohlrabifleisch fein hacken.

2 Für die Füllung Zwiebel schälen und würfeln. Petersilie waschen, trocken schleudern und Blättchen fein hacken. Käse reiben. Zwiebel, Petersilie, Käse, Kohlrabiwürfel und -grün unter das Hackfleisch mischen. Mit Salz, Pfeffer und Paprikapulver abschmecken. Masse in die Kohlrabi füllen und Deckel auflegen.

3 Öl in einem großen Topf erhitzen und Kohlrabi im heißen Fett leicht anbräunen. Mit Brühe aufgießen und im geschlossenen Topf ca. 40 Minuten köcheln lassen. Kurz vor Ende der Garzeit Sahne und Tomatenketchup in die Sauce rühren. Mit Salz und Pfeffer würzen.

Gierschrisotto

Giersch kommt an Waldrändern und in Parkanlagen ebenso vor wie in vielen Gärten. Seine dreiteiligen, 50–90 Zentimeter hohen Fiederblätter wachsen einzeln aus dem Boden und sind dreifach eingeschnitten, der Rand der Blätter ist gezackt. Die in der Regel weiße Doldenblüte wächst erst im Juni. Da Giersch mit dem sehr giftigen Wasserschierling verwechselt werden kann, ist es wichtig, beim Sammeln auf die sicheren Erkennungszeichen zu achten: Die zerriebenen Blätter riechen nach Petersilie.

3	Frühlingszwiebeln
4 EL	Olivenöl
200 g	Risotto-Reis (z. B. Arborio)
150 ml	Fleisch- oder Gemüsebrühe (s. S. 94 oder 105)
500 ml	Tomatensaft
je ¼ TL	getrockneter Thymian und Oregano
4	Tomaten
400 g	Gierschblätter
1	Handvoll Bärlauch
	Salz
	Pfeffer

1 Frühlingszwiebeln waschen und putzen. Das Grün in Ringe schneiden und beiseite stellen, die weißen Zwiebelchen fein hacken. Diese in einem Topf in 2 EL Öl andünsten.

2 Reis waschen, abtropfen lassen, zufügen und unter Rühren ca. 5 Minuten mitbraten. Mit Brühe ablöschen und unter ständigem Rühren einkochen lassen. So viel Tomatensaft zugießen, dass der Reis gerade bedeckt ist. Thymian und Oregano zugeben und alles unter Rühren weiterkochen. Wenn die Flüssigkeit aufgesogen ist, Tomatensaft nachgießen. 20–25 Minuten so fortfahren, bis der Reis gar ist. Mit Salz und Pfeffer würzen.

3 Tomaten waschen, Stielansätze entfernen und würfeln. Giersch und Bärlauch waschen und trockenschleudern. Giersch in feine Streifen schneiden, Bärlauch fein hacken.

4 Restliches Öl in einer Pfanne erhitzen, Giersch zugeben und ca. 5 Minuten dünsten. Tomaten und das Grün der Frühlingszwiebeln unterrühren und alles noch ca. 5 Minuten dünsten. Mit Salz und Pfeffer abschmecken. Gemüse unter den Reis heben und mit dem gehackten Bärlauch bestreut servieren.

Hausgemachte Nudeln

Nudelteig selbst herzustellen, ist gar nicht so schwer, wenn man Grundlegendes beachtet: Die Eier sollten möglichst aus Freilandhaltung stammen und frisch mit einem festen, gelben Dotter sein, denn dieser bestimmt die Farbe Ihrer Pasta.

Bandnudeln, Lasagneblätter und Ravioli können Sie nach folgendem Grundrezept auch ohne Nudelmaschine kinderleicht herstellen. Das Ergebnis wird Sie in jedem Fall begeistern: Mit einer Füllung zum Beispiel aus Frischkäse und Spinat sind Ravioli eine wahre Delikatesse (siehe Seite 32) und eine Lasagne mit Giersch und Spinat ist etwas ganz Besonderes (siehe Seite 65).

200 g	Mehl
100 g	Hartweizengrieß
2	Eier
	Salz
2 EL	Öl

1 Mehl, Hartweizengrieß, Eier, etwas Salz und Öl in einer Schüssel vermischen. Mit den Händen kräftig durchkneten und so lange langsam Wasser zugeben, bis der Teig weich und geschmeidig ist. 30 Minuten zugedeckt ruhen lassen.

2 Teig in etwa eigroße Stücke teilen und auf einer dünn bemehlten Arbeitsfläche 2–3 mm dick ausrollen. Teigplatten einige Minuten antrocknen lassen.

Für Bandnudeln: je nach gewünschter Breite Streifen abschneiden. Anschließend auflockern und in reichlich kochendem Salzwasser 2–3 Minuten bissfest (al dente) garen.

Für Lasagneblätter: Teig in ca. 20 x 8 cm große Rechtecke schneiden und ohne Vorkochen weiterverarbeiten.

Für Ravioli: Nudelteig nach dem Ruhen noch einmal durchkneten und in 4–6 Portionen teilen. Eine Teigportion mit dem Nudelholz auf einer leicht bemehlten Arbeitsfläche zu einer ca. 2–3 mm dicken Platte ausrollen. Übrige Teigstücke unter einem feuchten Tuch aufbewahren. Auf eine Teighälfte alle 4 cm ein walnussgroßes Stück Füllung setzen. Zweite Teighälfte darüberklappen und Teig um die Füllung mit den Fingern leicht andrücken. Mit einem Teigrädchen oder Messer Rechtecke ausschneiden und die Ränder mit einer Gabel andrücken. Mit den anderen Teigportionen ebenso verfahren. Ravioli in reichlich Salzwasser ca. 3 Minuten kochen.

Ravioli mit Spinatfüllung

Salbei übersteht im Garten auch den härtesten Frost. Im Blumenkübel auf der Terrasse oder dem Balkon sollte er mit Tannenzweigen, Schilfmatten oder Stroh vor Frostschäden geschützt werden.

300 g	Nudelteig (s. S. 30/31)
250 g	Spinat
	Salz
1–2	Knoblauchzehen
250 g	Frischkäse (s. S. 37)
	frisch geriebene Muskatnuss
	Pfeffer
6–8	Salbeiblätter
60 g	Butter
	geriebener Parmesan

1 Nudelteig wie im Grundrezept (siehe Seite 30/31) vorbereiten.

2 Spinat verlesen, gründlich waschen und in kochendem Salzwasser 1–2 Minuten blanchieren. Kalt abschrecken, ausdrücken und fein hacken. Knoblauch schälen und durch die Presse zum Spinat drücken. Frischkäse unterheben. Mit Salz, Muskat und Pfeffer abschmecken.

3 Ravioli wie im Grundrezept (siehe Seite 31) zubereiten.

4 Für die Sauce Salbeiblätter waschen und trocken schleudern. Butter in einer Pfanne zerlassen, leicht anbräunen und die Salbeiblätter darin schön knusprig anbraten. Ravioli abgießen, auf vorgewärmte Teller geben und mit Salbeibutter begießen. Parmesan darüber verteilen und sofort servieren.

Bärlauchcannelloni

Bärlauch wächst auch im eigenen Garten, zwischen Büschen und/ oder unter Bäumen – Hauptsache schattig. Dort gedeiht und vermehrt er sich, ohne dass man irgendetwas dazu beitragen müsste.

250 g	Bärlauchblätter
1	Zwiebel
4 EL	Olivenöl
500 g	gemischtes Hackfleisch
	Salz
	Pfeffer
	Öl für die Auflaufform
1	Ei
12	Cannelloni
800 g	Tomaten
50 g	Sahne
je ½ TL	getrockneter Oregano und getrocknetes Basilikum
100 g	geriebener Parmesan
20 g	Butterflocken

1 Bärlauch waschen, trocken schleudern und fein hacken. Zwiebel schälen und fein hacken.

2 Öl erhitzen und Zwiebeln andünsten, Hackfleisch zufügen und unter Rühren anbraten, salzen und pfeffern. Bärlauch zufügen und ca. 5 Minuten bei geringer Hitze mitbraten, beiseite stellen und etwas abkühlen lassen.

3 Backofen auf 180 °C vorheizen. Eine weite Auflaufform mit Öl einstreichen. Ei gründlich unter die Hackfleischmasse mischen. Mit einem Löffel den Fleischteig in die Cannelloni füllen und nebeneinander in die Auflaufform setzen.

4 Tomaten waschen, Stielansätze entfernen und würfeln. Tomaten und Sahne verrühren, mit Salz, Pfeffer, Oregano und Basilikum abschmecken. Tomatensauce über die Cannelloni geben. Mit Käse bestreuen und Butterflöckchen darauf verteilen. Im Ofen (mittlere Schiene) ca. 45 Minuten überbacken.

Wildkräuterklöße

Wildkräuter wie Löwenzahn oder Giersch gibt es in fast jedem Garten. Gegenüber Kulturpflanzen haben Wildkräuter den großen Vorteil, dass man sich nicht um sie kümmern muss, sie wachsen ohne besondere Pflege. Ein regelmäßiger Rückschnitt sorgt aber dafür, dass man immer frische junge Triebe zur Verfügung hat, die im Geschmack zarter und milder sind.

4–5	alte Brötchen vom Vortag
125–250 ml	lauwarme Milch
100 g	roher Schinken
2–3	Handvoll Wildkräuter (z. B. Brennnessel, Löwenzahn, Giersch)
1	kleine Zwiebel
100 g	Butter
2	Eier
	Salz
	Pfeffer
	frisch gemahlene Muskatnuss
1 EL	Mehl
2 EL	Paniermehl
4 El	geriebener Parmesan

1. Brötchen würfeln, mit Milch begießen und durchziehen lassen.
2. Schinken in kleine Würfel schneiden. Wildkräuter gründlich verlesen, waschen und ohne die dicken Stiele fein hacken. Zwiebel schälen und fein hacken. 20 Gramm Butter in einer Pfanne erhitzen und die Zwiebel darin andünsten, Wildkräuter zugeben und ca. 5 Minuten mitdünsten. Etwas abkühlen lassen.
3. Eier, Schinken und Wildkräuter zu den Brötchen geben, mit Salz, Pfeffer und 1 Prise Muskatnuss würzen, Mehl und Paniermehl untermischen. Aus der Masse 12 kleine Klöße formen und in reichlich Salzwasser ca. 15 Minuten leise köcheln lassen.
4. Restliche Butter erhitzen und leicht bräunen. Fertige Klöße mit Butter übergießen und mit Käse bestreut servieren.

Tipp:

Paniermehl können Sie auch selbst herstellen, indem Sie alte Brötchen reiben oder in der Küchenmaschine fein mahlen.

Grundrezept: Joghurt selbst gemacht

Warum nur Joghurt aus dem Supermarkt? Mit diesem einfachen Rezept erhält man besten hausgemachten Joghurt, der ganz nach Geschmack mit Fruchtpürees, Honig, Nüssen oder auch Marzipan verfeinert werden kann.

1 Milch in einem Topf aufkochen und auf 37–43 °C abkühlen lassen.
2 Vollmilchjoghurt oder Vollmilchansatz einrühren.
3 Mischung ca. 8 Stunden gleichmäßig bei 37–43 °C warm halten, bis Joghurt daraus geworden ist.

Für 1 Liter Joghurt braucht man:

1 l	Milch
2 EL	Vollmilchjoghurt oder Joghurtferment aus dem Reformhaus

Tipp:

Für die Herstellung von Joghurt ist es sehr wichtig, dass die Temperatur konstant gehalten wird. Dies wird erreicht, indem man die Milchmischung in einen Topf mit Deckel gibt, in eine dicke Decke wickelt und mit einem Federbett oder -kissen zudeckt. Natürlich kann man den Topf auch einfach auf einen oder dicht neben einen nicht zu heißen Heizkörper stellen.

Grundrezept: Frischkäse selbst gemacht

1 kg	saure Sahne
¼ TL	Salz

Alles, was man für seinen hausgemachten Frischkäse braucht, sind saure Sahne, Salz und ein klein wenig Geduld. Die saure Sahne lässt sich übrigens auch selbst herstellen: Frische Kuhmilch in eine Schüssel geben und diese über Nacht bei Zimmertemperatur stehen lassen. Am nächsten Tag den dicken Rahm abschöpfen, der sich auf der Oberfläche gebildet hat. Diesen lässt man weitere 12–24 Stunden stehen, bis die Sahne sauer geworden ist. Das funktioniert allerdings nur mit wirklich frischer Milch vom Bauern, da die Milch aus dem Supermarkt pasteurisiert ist, also schon einmal erhitzt wurde.

1. Ein Sieb mit einem sauberen Küchentuch (Baumwolle) auslegen und über eine Schüssel hängen. Saure Sahne und Salz hineingeben und ca. 60 Minuten abtropfen lassen.
2. Tuch an den Enden zusammenfassen und aus dem Sieb heben. Weitere Flüssigkeit durch Eindrehen der Zipfel herauspressen. Am besten über Nacht über dem Spülbecken aufhängen und weiter abtropfen lassen.
3. Frischkäse in einer gut schließenden Plastikdose im Kühlschrank aufbewahren.

Tipp:

Haltbarer wird der Frischkäse, wenn man ihn längere Zeit trocknen lässt und dann in Olivenöl zusammen mit Kräutern aus dem eigenen Garten oder vom Balkon einlegt. Besonders gut eignen sich dazu Thymian und Rosmarin, aber auch Oregano, Chili oder Knoblauch harmonieren mit dem Frischkäse.

Kirschen und Erdbeeren in Gelee

Es lohnt sich, unter die Erdbeeren im Garten Stroh zu legen: Bei Regen fließt das Wasser dann in die unteren Schichten ab und die Früchte liegen nicht im Nassen – sie verfaulen deshalb nicht so schnell. Außerdem hält das Stroh Schnecken etwas stärker davon ab, sich an Ihren Erdbeeren zu verköstigen.

250 g	Kirschen
250 g	Erdbeeren
Saft	von 1 Zitrone
4 EL	Zucker
6 Blatt	Gelatine
250 ml	Kirschsaft
4 EL	Sahne

1. Erdbeeren und Kirschen waschen. Erdbeeren putzen und halbieren, Kirschen entsteinen. Beides zusammen mit Zitronensaft und Zucker in einer Schüssel mischen.
2. Gelatine nach Packungsangabe in Wasser ca. 10 Minuten einweichen lassen.
3. Kirschsaft mit ca. 250 ml Wasser erwärmen. In einem zweiten Topf die Gelatine langsam erhitzen, aber nicht aufkochen! Wenn sie aufgelöst ist, unter ständigem Rühren zum Saft geben. Früchte zufügen und alles auf 4 tiefe Teller verteilen. Abkühlen und mindestens 2 Stunden im Kühlschrank fest werden lassen.
4. Jede Portion mit 1 EL cremig geschlagener Sahne servieren.

Holunderküchlein

Ende Mai, Anfang Juni sieht man an Waldrändern, in Parks und natürlich in Gärten den Holunder in voller Blüte stehen. Schneiden Sie für die Küchlein die Dolden mit einem Stück Stiel ab, er wird Ihnen noch nützlich sein. Der intensive Geruch des Holunders lockt viele Insekten an, die Sie durch leichtes Schütteln vertreiben können.

10–12	Holunderblütendolden
2	Eier
200 g	Mehl
1 Prise	Salz
250 ml	Bier
2 TL	Öl
	reichlich Butterschmalz zum Ausbacken
	Puderzucker zum Bestäuben

1 Holunderblüten vorsichtig waschen und gut abtropfen lassen.

2 Eier trennen und Eiweiße zu steifem Schnee schlagen. Mehl mit Salz und Bier zu einem dickflüssigen Teig verrühren. Eigelbe und Öl unterrühren, Eischnee unterheben.

3 Reichlich Butterschmalz in einer Pfanne oder einem weiten Topf erhitzen. Blütendolden an den Stielen halten und in den Teig tauchen, dann portionsweise ins schwimmende Fett setzen. In ca. 5–7 Minuten goldbraun ausbacken, herausnehmen und auf Küchenpapier abtropfen lassen. Den dicken Stiel abschneiden, da er ungenießbar ist. Holunderküchlein mit Puderzucker bestreuen und heiß servieren.

Tipp:

Statt mit Bier kann der Ausbackteig auch mit Weißwein oder Milch zubereitet werden.

Rhabarberstrudel

Rhabarber sollte möglichst frisch verarbeitet werden. Ist seine Lagerung für einige Tage vorgesehen, wickelt man ihn am besten – wie Spargel auch – in ein feuchtes Tuch und legt ihn an einen kühlen Ort. Rhabarber lässt sich auch gut einfrieren, dazu die Stängel schälen und in 2–3 Zentimeter große Stücke schneiden. Ab Mitte Juni sollte man Rhabarber nicht mehr ernten, da sich die in den Stielen vorhandene Oxalsäure dann immer mehr anreichert. Es gibt übrigens drei Sorten von Rhabarberpflanzen: der Grünstielige hat, wie der Name schon sagt, grünes Stängelfleisch und ist sehr sauer. Der Rotstielige mit grünem Stängelfleisch ist aromatisch und leicht herb, besitzt aber wenig Säure. Sehr zart ist der rotstielige Rhabarber mit rotem Stängelfleisch.

250 g	Mehl
1 Prise	Salz
1 EL	Essig
2 EL	Öl
1	Ei
80 g	Butter
40 g	Paniermehl
40 g	gemahlene Haselnüsse
1 kg	Rhabarber
30 g	Butter zum Bestreichen
4 EL	saure Sahne
150 g	Zucker

1. Mehl in eine Schüssel sieben. In die Mitte eine Vertiefung drücken, Salz, Essig, 1 EL Öl, Ei und 125 ml lauwarmes Wasser hineingeben und mit den Händen schnell zu einem glatten und geschmeidigen Teig verarbeiten.
2. Teig in 2 Portionen teilen und mit etwas Öl bestreichen. Mit einem feuchtwarmen Tuch bedecken und ca. 30 Minuten ruhen lassen.
3. In einer Pfanne die Hälfte der Butter zerlassen, Paniermehl und Haselnüsse zugeben und goldgelb rösten. Rhabarber waschen, schälen und in ca. 2 cm große Stücke schneiden.
4. Eine Portion Strudelteig auf einer bemehlten Arbeitsfläche ausrollen. Mit etwas Öl bestreichen, erst über den Handrücken ausziehen, dann auf ein bemehltes Tuch legen und mit der flachen Hand weiter gleichmäßig dünn ausziehen. Zum Schluss dasselbe mit den Rändern tun.
5. Backofen auf 210 °C vorheizen. Restliche Butter zerlassen. Teig mit etwas zerlassener Butter bestreichen und die Hälfte der sauren Sahne darauf verteilen. Mit der Hälfte der Haselnussmischung, des Rhabarbers und Zuckers bestreuen. Dabei die Ränder freilassen und einschlagen, mit Butter bepinseln und mit dem Tuch locker aufrollen. Strudel vorsichtig mit der Naht nach unten in eine gefettete feuerfeste Form gleiten lassen und mit Butter bestreichen.
6. Zweiten Strudel zubereiten. Im Ofen (mittlere Schiene) 35–45 Minuten backen. Immer wieder mit Butter bestreichen. Vor dem Anrichten den Strudel etwas ruhen lassen, damit die Füllung bzw. der Obstsaft nicht ausläuft.

Einlegen in Öl oder Essig

Eine andere Möglichkeit der Konservierung ist, die Kräuter in Öl oder Essig einzulegen. Dazu werden sie gewaschen, sehr gut trocken geschleudert und eventuell mit Küchenkrepp trocken getupft, denn es darf auf keinen Fall mehr Wasser an den Blättern haften. Dann schneidet man die Kräuter in Streifen oder zerkleinert sie grob. Anschließend gibt man sie in saubere Flaschen oder Gläser, am besten mit Schraubverschluss, und füllt diese mit Öl beziehungsweise Essig auf. Die Flaschen oder Gläser sollten an einem kühlen und dunklen Ort lagern.

Essig und Öl aromatisieren

Auf diese Art werden nicht nur die Kräuter haltbar gemacht, sondern auch das Öl oder der Essig mit dem Geschmack der Kräuter aromatisiert. Als Dressing oder Marinade verleihen so verfeinerter Essig oder verfeinertes Öl beispielsweise Salaten einen besonderen Pfiff. Füllt man den abgeseihten Essig bzw. das Öl in eine hübsche Flasche und gibt ein paar Stängel des zum Aromatisieren verwendeten Krauts hinein, so hat man außerdem ein attraktives Mitbringsel für vielerlei Gelegenheiten.

Einlegen in Salz

350 g	Bärlauch
1 kg	Salz

Bärlauch kann auch in Salz eingelegt haltbar gemacht werden. Dazu schichtet man den gewaschenen und gut abgetrockneten Bärlauch abwechselnd mit dem Salz in saubere Gläser mit Schraubverschluss.

Pesto

Auch als Pesto kann man z. B. Bärlauch, Löwenzahn, Brennnessel oder Rucola einige Zeit im Kühlschrank aufbewahren. Die fertige Paste kann übrigens auch problemlos in Gläsern eingefroren werden.

Rucolapesto:

150 g	Rucola
½	Bund Petersilie
½	Bund Basilikum
75 g	frisch geriebener Parmesan
75 g	Sonnenblumenkerne
7 EL	Olivenöl
	Salz
	Pfeffer
1 Prise	Cayennepfeffer

1 Rucola, Petersilie und Basilikum waschen und trocken schleudern. Rucola in Stücke schneiden. Petersilien- und Basilikumblätter von den Stielen zupfen.
2 Kräuter, Parmesan, Sonnenblumenkerne und etwas Olivenöl in den Mixer geben. Alles pürieren, nach und nach das restliche Öl zufügen. Pesto in eine Schüssel geben und mit Salz, Pfeffer und Cayennepfeffer abschmecken.
3 Das Pesto in einer gut schließenden Plastikdose im Kühlschrank aufbewahren.

Sommer

Unter der Sonne gereifte Köstlichkeiten

Salate	48–50
Suppen	52–53
Hauptgerichte	56–70
Desserts	74–78

Sirup und Obstsäfte

In manchen Jahren tragen Beerensträucher und Obstbäume so reichlich, dass man durch frischen Genuss, Kuchenbacken und Marmeladekochen die Obstberge gar nicht verarbeiten kann. In solchen Jahren bietet es sich geradezu an, Saft selbst herzustellen. Allerdings ist nicht jede Obstsorte gleich gut zum Saften geeignet. Und aus Holunderblüten lässt sich bereits vor der Erntezeit der Früchte ein Sirup herstellen, der im Sommer eine herrlich erfrischende Limonade gibt:

ergibt ca. 3 l

20–22	Holunderblütendolden
6	unbehandelte Zitronen
1 l	Weißwein
6	Päckchen Zitronensäure à 5 g
2,5 kg	Zucker

Holunderblütensirup

1 Holunderblüten vorsichtig abspülen. Zitronen heiß waschen und in Scheiben schneiden. Wein mit 2 l Wasser und Zitronensäure mischen, Holunderblüten und Zitronen zufügen. Zugedeckt an einem möglichst kühlen Ort 2–3 Tage ziehen lassen.

2 Blütendolden abschöpfen. Übrige Flüssigkeit und Zucker aufkochen und ca. 10 Minuten ziehen lassen. Durch ein feines Sieb abgießen und noch heiß in saubere Flaschen füllen. Der Sirup ist so ca. 6 Monate haltbar.

3 Etwas Holunderblütensirup und eine Scheibe Zitrone in ein Glas geben und mit Mineralwasser auffüllen.

Tipp:

Im Winter hilft Holunderblütensirup gegen Erkältungen, indem man ihn mit heißem Tee oder heißer Zitrone vermischt.

Saft selbst gemacht

Entsafter: Das Entsaften kann auf verschiedene Arten erfolgen. Für frischen Saft verwendet man am besten einen Entsafter. Ca. 1 Liter vitaminreichen und wohlschmeckenden ACE-Saft erhält man aus 3 Äpfeln, 6–8 Karotten und 4–5 Orangen. Obst und Gemüse waschen, schälen, putzen, entkernen, in Stücke schneiden und in den Entsafter geben. Um den Saft länger haltbar zu machen, muss er auf 70–90 Grad erhitzt und dann sofort in absolut saubere, heiß ausgespülte Flaschen abgefüllt werden.

Im Kochtopf: Leckeren Saft kann man aber auch mit einem großen Kochtopf und einem sauberen Küchentuch herstellen. Gut geeignet sind Johannisbeeren, egal welcher Farbe, wobei schwarze am vitaminreichsten sind und gerade im Winter super gegen Erkältungen helfen. Sie geben zudem viel Flüssigkeit, da sie sehr saftig sind, genau wie Holunderbeeren, deren Saft auch wunderbar gegen Erkältungen hilft. Man kann aber auch Kirschen, Birnen, Weintrauben oder Äpfel entsaften, je nach Sorte ergeben die Früchte mehr oder weniger Saft. Und so wird's gemacht: Das Obst waschen, entstielen, entkernen und in Stücke schneiden. In den Kochtopf geben und mit Zucker mischen, die Menge entscheiden Sie je nach dem eigenen Zuckergehalt der Früchte. Am besten über Nacht stehen lassen, damit die Früchte Saft ziehen können. Dann alles auf 70–80 Grad erhitzen. Ein großes Sieb mit einem sauberen Küchentuch auslegen und in eine entsprechend große Schüssel hängen. Die Fruchtmaische vorsichtig hineinschütten und abgießen. Den so gewonnenen Saft wieder zurück in den Topf geben und noch einmal auf 70–90 Grad erhitzen. Nicht kochen, denn sonst gehen zu viele Vitamine und Mineralstoffe verloren. Anschließend sofort heiß in saubere Flaschen füllen. Besonders gut geeignet sind Bügelflaschen mit Schnappverschluss, aber auch Flaschen mit Deckel können zur Aufbewahrung von Säften gut verwendet werden.

Dampfentsafter: Für alle, die größere Mengen entsaften wollen, empfiehlt sich die Anschaffung eines Dampfentsafters. Die Früchte müssen hierfür gewaschen, aber nicht entstielt oder entkernt werden, lediglich die Kerne von Steinobst sollten Sie entfernen. Wie beim Entsaften im Kochtopf ziehen auch hier die Früchte einige Stunden lang mit Zucker überstreut. Anschließend werden Sie für 30–60 Minuten – je nach Obstart – in den Dampfentsafter gegeben. Ein weiterer Vorteil dieser Methode ist, dass der fertige Saft durch einen Schlauch direkt in die Flaschen abgefüllt werden kann. Im Dampfentsafter können Sie auch ihre eigenen Weintrauben entsaften. Da diese eigentlich immer Kerne haben, sollte man Sie nicht in den normalen Entsafter geben.

Apfelsaft machen lassen: Wer nach einer besonders guten Ernte mehr als 2 Zentner Äpfel hat, kann diese auch zum Entsaften, z. B. zu Kleingarten- oder Gartenbauvereinen, bringen. Die Äpfel dürfen natürlich nicht faulig sein und sollten gewaschen sein. Sie bekommen ihren eigenen Saft meist fertig erhitzt und in Flaschen oder 10-Liter-Schläuche abgefüllt zurück. Wie viel Saft dabei herauskommt, hängt sehr stark von der Apfelsorte und der Erntezeit ab. Aus 1 Zentner werden 25–28 Liter Saft, im Oktober sind die Äpfel zwar süßer, aber auch weniger saftig, dann erhält man aus 1 Zentner nur noch ca. 22 Liter Saft.

Tomaten-Rucola-Salat mit Mozzarella

Rucola ist die kultivierte Form eines Wildkrauts, das es bei uns schon lange gibt und das früher unter dem Namen Rauke bekannt war. Der moderne Name kommt aus dem Italienischen. Rucola wächst wild an Wegen und Uferböschungen, im Garten verbreitet er sich teilweise wie Unkraut, ohne dass er besonderer Pflege bedürfte. Zupft man seine Blüten nicht regelmäßig ab, samt sich die Pflanze im darauffolgenden Jahr überall aus.

150 g	Rucola
400 g	kleine Fleischtomaten
300 g	Mozzarella
3 EL	Aceto Balsamico
	Salz
	frisch gemahlener Pfeffer
5 EL	Olivenöl

1. Rucola verlesen, waschen, trocken schleudern und in ca. 3–4 cm große Stücke zupfen. Tomaten waschen, Stielansätze entfernen und in Scheiben schneiden. Je nach Größe die Scheiben eventuell halbieren. Mozzarella in Scheiben schneiden.
2. Tomaten- und Mozzarellascheiben auf 4 Tellern dachziegelartig anordnen. Rucola darauf verteilen.
3. Für das Dressing Essig, Salz, Pfeffer und Öl vermischen und über dem Salat verteilen.

Löwenzahnsalat mit warmer Speckmarinade

Löwenzahn kann man bis weit in den Herbst hinein ernten. Wenn man die Pflanzen immer wieder abschneidet, treiben sie ständig junge Blätter aus, die im Geschmack mild sind. Besonders zarte Blätter erhält man, indem man Blumentöpfe über die Löwenzahnpflänzchen stülpt, sodass diese fast im Dunkeln stehen.

500 g	Löwenzahn
2 TL	scharfer Senf
4 TL	Obstessig
	Salz
	Pfeffer
4 EL	Olivenöl
200 g	Räucherspeck

1 Löwenzahn verlesen, gründlich waschen, trocken schleudern und in Stücke zupfen. Senf mit Essig, Salz und Pfeffer verrühren. Öl unterschlagen.

2 Speck ohne Schwarte in kleine Würfel schneiden und in einer Pfanne bei mittlerer Hitze unter Rühren ca. 5 Minuten knusprig anbraten. Marinade in die Pfanne geben und kurz durchschwenken.

3 Salat in eine Schüssel geben und die warme Speckmarinade darüber verteilen. Sofort servieren.

Bunter Salat mit Himbeeren

Die Himbeere gehört zur Familie der Rosensträucher. Ihre Früchte wachsen an den im Vorjahr neu gebildeten Trieben. Es gibt gelbe und rote Sorten und mittlerweile auch einige ohne Dornen, was das Ernten erheblich erleichtert. Himbeeren überwuchern – wenn man sie lässt – die ganze Umgebung. Darum sollte gut überlegt sein, wo die Beerensträucher hingesetzt werden. Da sie über ihre Wurzeln unterirdische Triebe bilden, können sich die einzelnen Sträucher über 2–3 Meter ausbreiten.

1	Lollo rosso
30 g	Rucola
250 g	Himbeeren
1 EL	Aceto Balsamico
3 EL	Apfelsaft
1 TL	mittelscharfer Senf
	Salz
	Pfeffer
2 EL	Olivenöl
1	Knoblauchzehe

1. Salate putzen, verlesen, waschen, trocken schleudern. Himbeeren verlesen, kurz waschen und gut abtropfen lassen.
2. Für das Dressing Essig, Apfelsaft, Senf, Salz, Pfeffer und Olivenöl vermischen. Knoblauch schälen und durch die Presse zum Dressing drücken.
3. Dressing über den Salat geben und vorsichtig vermischen. Himbeeren darauf verteilen.

Kalte Gurkensuppe mit Rucola

Egal ob Salat- oder Gemüsegurken: Sie lassen sich am besten als Spalierpflanzen ziehen. An einer geschützten Hauswand wird dazu im Abstand von etwa 20–25 Zentimetern ein Draht gespannt, an dem sich die Gurkenpflänzchen emporziehen können. Als Wachshilfe eignet sich aber auch ein „verkürztes" Bohnengestell, das noch ein, zwei zusätzliche Querstangen bietet, an denen sich die Gurkenpflänzchen hochranken können.

2	Salatgurken
600 g	Sahnejoghurt (10 %)
2–3	Handvoll Rucola
4 TL	Zucker
Saft	von ½ Zitrone
	Salz
	Pfeffer

1. Gurken schälen, halbieren, Kerne mit einem Löffel auslösen. Eine halbe Gurke würfeln und beiseite stellen. Restliche Gurken fein reiben.
2. Joghurt in eine Schüssel geben. Rucola verlesen, waschen und trocken schleudern. Einige Blättchen für die Garnitur beiseite legen, den Rest fein hacken. Rucola und Gurke zum Joghurt geben. Mit dem Stabmixer pürieren.
3. Mit Zucker, Zitronensaft, Salz und Pfeffer abschmecken. Gurkenwürfel unter den Joghurt rühren und Suppe für ca. 30 Minuten kühl stellen. Mit Rucolablättchen garniert servieren.

Konservieren mit Essig

So alt wie das Trocknen und Dörren oder das Einsalzen ist auch das Einlegen in Essig. Saures oder süßsaures Gemüse erfreut sich bis heute großer Beliebtheit. Dabei ist der Säuregehalt entscheidend, ob eine Essiglösung zum Haltbarmachen reicht oder eine Essig-Zucker-Lösung bzw. eine Essig-Salz-Mischung benötigt wird. Besitzt der Essig mehr als 5 Prozent Säure, reicht dies zum Konservieren. Bei Sorten mit 0,5–3 Prozent Säure sollte man Zucker bzw. Salz zugeben oder das eingelegte Gemüse zusätzlich einkochen. Verwenden Sie bei dieser Form des Konservierens kein Kochgeschirr aus Aluminium, Kupfer oder Messing, denn durch die Säure kann das Geschirr angegriffen oder das Gemüse mit Schwermetallen versetzt werden. Gut geeignet sind Schraubgläser oder – wie zu Großmutters Zeiten – Weckgläser mit Gummiringen und Metallspangen.

Essiggurken:

500 g	kleine Gurken
3 EL	Salz
12–16	Perlzwiebeln
1	Bund Dill
1 TL	Senfkörner
½ TL	Pfefferkörner
1 l	Weißweinessig

1 Gurken putzen, waschen, gut abtropfen lassen und in eine Schüssel schichten. Salz in 1 l kaltem Wasser auflösen und über die Gurken gießen. Zugedeckt ca. 24 Stunden darin wässern.
2 Zwiebeln schälen. Gurken abwaschen und abtropfen lassen. Dill waschen, trocken schleudern, Spitzen abzupfen und fein hacken. Gurken und Perlzwiebeln in saubere, heiß ausgespülte Gläser schichten, dazwischen immer wieder Dill, Senf- und Pfefferkörner streuen.
3 Essig aufkochen, gleichmäßig über die Gurken gießen und die Gläser fest verschließen. Gurkengläser im Wasserbad im Backofen oder im Einmachtopf 30 Minuten bei 90 °C sterilisieren, abkühlen lassen. An einem dunklen, kühlen Ort aufbewahren.

Süßsaure Salatgurke

für 2–3 kleine Gläser

1	Salatgurke
½	Bund Dill
50 g	Zucker
4 EL	Weißweinessig
1 TL	Senfkörner
2–3	Lobeerblätter

1 Gurke schälen, längs halbieren, Kerne mit einem Löffel herausnehmen und das Fruchtfleisch in mundgerechte Stücke schneiden. Dill waschen und trockenschleudern. 250 ml Wasser mit Dill, Zucker, Weißweinessig, Senfkörnern und Lorbeerblättern aufkochen. Gurkenstücke zufügen und noch einmal aufkochen.
2 Sud durch ein Sieb abgießen und auffangen. Dill, Lorbeerblätter und einen Teil der Senfkörner herausnehmen. Gurkenstücke und restliche Senfkörner in saubere, heiß ausgespülte Gläser schichten. Den Sud erneut aufkochen, gleichmäßig über die Gurken gießen und die Gläser fest verschließen. An einem dunklen, kühlen Ort aufbewahren.

Mangoldomelett

Mangold kann vom späten Winter bis Anfang August ausgesät werden. Falls man aber noch Pflanzen vom Frühling im Beet hat, ist eine Nachsaat gar nicht nötig. Nachdem alle Blätter abgeschnitten wurden, lockert man den Boden und schon bald treiben wieder neue Blätter aus den Wurzeln aus. Auf diese Weise sind 4 Ernten pro Jahr möglich.

1 kg	Mangold
	Salz
100 g	Paniermehl
2	Knoblauchzehen
6	Eier
	weißer Pfeffer
100 g	frisch geriebener Käse
6 EL	Öl

1 Mangold verlesen, Stiele kürzen, gründlich waschen. In Salzwasser 15–20 Minuten köcheln lassen. Über einem Sieb abgießen, abtropfen lassen und ausdrücken. Blätter und Stiele in feine Streifen schneiden.

2 Paniermehl mit wenig Wasser quellen lassen. Knoblauch schälen und durch die Presse zum Paniermehl drücken. Eier verquirlen, Salz, Pfeffer, Paniermehl und Käse unterrühren. Mangold unter die Masse mischen.

3 In einer Pfanne 3 EL Öl erhitzen, Mangold-Eier-Mischung zugeben und bei starker Hitze unter ständigem Rühren stocken lassen. Hitze reduzieren. Omelett mit einem Kochlöffel vom Pfannenrand lösen. Wenn die Unterseite goldbraun ist, mithilfe eines Deckels wenden. Restliches Öl in die Pfanne geben und Omelett bei schwacher Hitze fertig braten.

Tipp:

Statt mit Mangold können Sie das Omelett auch mit Spinat zubereiten. Auch die Wahl des Käses bleibt Ihrem Geschmack überlassen: Wer es gerne mild mag, nimmt Gouda, wer es etwas herzhafter liebt, greift auf Parmesan oder Emmentaler zurück und für die, die es gerne herzhaft-würzig mögen, ist ein Bergkäse die richtige Wahl.

Bandnudeln mit Schinken und Erbsen

300 g	gepalte Erbsen
	Salz
400 g	Bandnudeln (s. S. 30/31)
150 g	gekochter Schinken
2 EL	Öl
200 g	Sahne
	Pfeffer

1 Erbsen in wenig Salzwasser in 20–30 Minuten (je nach Alter) garen. Nudeln nach Grundrezept zubereiten (s. S. 30/31) und in reichlich Salzwasser bissfest kochen.

2 Schinken in schmale Streifen schneiden. Wenn die Erbsen fertig sind, Öl in der Pfanne erhitzen und Schinken darin kurz anbraten. Sahne und Erbsen zufügen, alles kurz aufkochen lassen.

3 Nudeln abgießen, kurz abtropfen lassen und unter die Speck-Erbsen-Sauce heben, mit Salz und Pfeffer abschmecken und sofort servieren.

Hühnerbrust auf Tomaten-Rucola-Gemüse

150 g	Rucola
1	Knoblauchzehe
1	Zwiebel
400 g	Tomaten
4 EL	Olivenöl
	Salz
	Pfeffer
2–3	Hühnerbrustfilets (ca. 600 g)

1 Rucola waschen, trocken schleudern und in Streifen schneiden. Knoblauch und Zwiebel schälen und fein hacken. Tomaten heiß überbrühen, häuten, Stielansätze entfernen und klein würfeln.

2 2 EL Öl erhitzen. Knoblauch und Zwiebel darin glasig dünsten. Tomaten zufügen und ca. 5 Minuten dünsten, Rucola zugeben und alles noch ca. 5 Minuten garen, mit Salz und Pfeffer abschmecken.

3 Hühnerbrüste kurz waschen, trocken tupfen und in ca. 2 cm dicke Scheiben schneiden, salzen und pfeffern. Restliches Öl in einer Pfanne erhitzen und Fleisch darin von beiden Seiten 8–10 Minuten anbraten.

4 Tomaten-Rucola-Gemüse auf 4 Tellern anrichten, Hühnerbrüste darauflegen und zum Beispiel mit Reis servieren.

Tipp:

Statt mit Rucola können Sie dieses Gericht auch mit jungen Löwenzahnblättern ausprobieren.

Kalbsschnitzel mit Johannisbeersauce

Johannisbeeren gibt es in drei Sorten: weiße Früchte, die einen süßsauren Geschmack haben, rote Beeren, die frisch sauer schmecken und schwarze Johannisbeeren, die einen sehr herben, sauren Geschmack besitzen. Letztere werden aufgrund ihres hohen Vitamingehalts immer beliebter. Sie eignen sich auch am besten zur Saftherstellung.

1	unbehandelte Orange
150 g	rote Johannisbeeren
60 ml	Portwein
3 EL	Johannisbeergelee (s. S. 72/73)
2 EL	scharfer Senf
	Salz
	Pfeffer
4	Kalbsschnitzel
3 EL	Öl

1 Orange heiß waschen, abtrocknen und Schale sehr dünn (ohne weiße Haut) abschälen. Diese in hauchdünne Streifen schneiden. Restliche Frucht halbieren und Saft auspressen. Johannisbeeren waschen und von den Rispen streifen.

2 Portwein und Orangensaft in einem Topf erhitzen. Johannisbeeren und Orangenschalen zufügen und einige Minuten bei schwacher Hitze köcheln lassen (die Beeren sollen ganz bleiben). Mit Gelee, Senf, Salz und Pfeffer abschmecken.

3 Fleisch waschen und trocken tupfen. Öl in einer Pfanne erhitzen und Schnitzel darin von jeder Seite 2–3 Minuten anbraten. Johannisbeersoße zum Fleisch servieren.

Tipp:

Als Beilage eignen sich selbst gemachte Bandnudeln (s. S. 31)

Mediterranes Zucchinigemüse

Mittlerweile gibt es auch Zucchinistauden mit gelben Früchten. Diese schmecken etwas süßlicher als die grünen. Wer genügend Platz hat – mindestens 1 Quadratmeter pro Pflanze sollte es schon sein – kann von jeder Sorte eine anbauen, das schafft auch optisch Abwechslung auf dem Teller.

2–3 Zucchini
3–4 EL Olivenöl
Salz
Pfeffer
4–5 EL Sahne

1 Zucchini waschen, putzen und in 1,5–2 cm große Würfel schneiden.

2 Öl in einer Pfanne erhitzen und Gemüsewürfel darin anbraten, bis sie gleichmäßig braun sind, Hitze reduzieren. Mit Salz und Pfeffer würzen, Sahne zugießen. Kurz durchrühren und servieren.

Tipp:

So gebraten schmecken Zucchini besonders zu gegrilltem oder kurz gebratenem Fleisch.

Zucchiniauflauf mit Kartoffeln

So bauen Sie auf der Terrasse oder dem Balkon ihre eigenen Kartoffeln an: Man benötigt einen Eimer oder eine Holzkiste mit mindestens 10 Litern Fassungsvermögen, macht Löcher in das Gefäß, damit sich keine Staunässe bildet und bedeckt den Boden ca. 20 Zentimeter hoch mit Erde. Ab Ende April setzt man nun 3 oder 4 Kartoffeln hinein und sobald das Grün der Kartoffelpflanzen zu sprießen beginnt, bedeckt man die Sprösslinge mit Komposterde. Dies wiederholt man, bis man am Rand des Gefäßes angelangt ist. Ab da gießt man sie regelmäßig und lässt die Kartoffelpflanze ansonsten einfach wachsen.

750 g	Kartoffeln
500 g	Zucchini
	Salz
	Pfeffer
2 EL	Öl
5–6	Tomaten
250 g	Kochschinken
	Butter für die Auflaufform
3	Eier
200 ml	Milch
100 g	geriebener Gouda
2	Stängel Thymian

1 Kartoffeln waschen und in 20–25 Minuten gar kochen. Abkühlen lassen, schälen und in Scheiben schneiden.

2 Zucchini waschen, Enden entfernen und in Scheiben schneiden, salzen und pfeffern. Öl in einer Pfanne erhitzen und Zucchini darin kurz anbraten.

3 Tomaten waschen, Stielansätze entfernen und in Scheiben schneiden. Schinken in breite Streifen schneiden. Backofen auf 200 °C vorheizen. Eine Auflaufform einfetten.

4 Eier, Milch und 50 g Käse verrühren. Thymian waschen, trocken tupfen und Blättchen von den Stängeln streifen. Zur Eiermilch geben und mit Salz und Pfeffer kräftig würzen.

5 Kartoffeln, Zucchini, Tomaten und Schinken abwechselnd in die Form schichten, jede Schicht mit etwas Eiermilch übergießen. Zum Schluss restliche Milchmischung darübergießen und mit restlichem Käse bestreuen. Auflauf im Ofen 30–40 Minuten überbacken.

Lasagne mit Giersch und Spinat

Wenn die Gierschtriebe regelmäßig geschnitten werden, sprießen bis in den Herbst junge Blätter. Alte Blätter sind im Geschmack sehr scharf. Zerreibt man die Blätter zwischen den Fingern, riecht es nach Petersilie, woran auch der Geschmack entfernt erinnert.

250 g	junge Gierschblätter
250 g	Spinat
1	Zwiebel
2	Knoblauchzehen
2 EL	Olivenöl
	Salz
	Pfeffer
je 1 TL	frisch gehackter Oregano und Thymian
6–8	Tomaten
200 g	Sahne
200 ml	Gemüsebrühe (s. S. 105)
	Öl für die Auflaufform
12–14	Lasagneblätter (s. S. 30/31)
150 g	geriebener Emmentaler
45 g	Butter
15 g	Mehl
125 ml	Milch
50 g	geriebener Parmesan
	frisch geriebene Muskatnuss

1 Giersch und Spinat waschen und abtropfen lassen. Zwiebel und Knoblauch schälen und fein hacken. Öl in einem Topf erhitzen, Zwiebeln und Knoblauch darin andünsten, Giersch und Spinat zufügen und ca. 5 Minuten mitdünsten, bis die Blätter zusammenfallen. Mit Salz, Pfeffer, Oregano und Thymian würzen.

2 Tomaten waschen, Stielansätze entfernen und in Scheiben schneiden. Sahne und Gemüsebrühe vermischen. Eine Auflaufform einfetten. Backofen auf 220 °C vorheizen.

3 Lasagneblätter zubereiten wie im Grundrezept (s. S. 30/31) beschrieben.

4 Etwas Gemüse in die Auflaufform geben, mit wenig Sahnebrühe übergießen und einer Schicht Nudelplatten abdecken. Wieder Gemüse verteilen, Tomatenscheiben darauflegen, mit dem Emmentaler bestreuen und etwas Sahnebrühe übergießen. Fortfahren, bis Gemüse und Nudelplatten aufgebraucht sind.

5 15 g Butter in einem kleinen Topf erhitzen. Mehl einstreuen und unter Rühren anschwitzen. Nach und nach so viel Milch zugießen, dass eine sämige Sauce entsteht. Parmesan einrühren und mit Salz, Pfeffer und Muskat abschmecken.

6 Bechamelsauce über die Lasagne geben. Restliche Butter in Flöckchen darauf verteilen. Im Ofen ca. 20 Minuten überbacken. Lasagne aus dem Ofen nehmen und sofort servieren.

Kartoffel-Gurken-Pfanne mit Schinken

Salatgurken bringen im Freiland nur in warmen, regenarmen Sommern eine gute Ernte. Auf der sicheren Seite ist man, wenn man sie im Gewächshaus oder im Frühbeet zieht. Schmorgurken dagegen sind unempfindlicher und kommen mit unserem Klima besser zurecht – sie tragen auch in durchwachsenen Sommern im Freiland viele Früchte.

600 g	Kartoffeln
	Salz
700 g	Schmorgurken
400 g	Kochschinken
3	Bund Dill
100 g	Crème fraîche
4 EL	Zitronensaft
4 EL	Zucker
4 EL	Öl
	Pfeffer

1 Kartoffeln waschen und in Salzwasser ca. 20 Minuten bissfest garen. Abgießen, abkühlen lassen und pellen. Gurken schälen und längs halbieren. Kerne mit einem Löffel entfernen. Gurken und Schinken grob würfeln, Kartoffeln in Scheiben schneiden. Dill waschen, trocken tupfen und Spitzen grob hacken.

2 8 EL Wasser mit Crème fraîche, Zitronensaft und Zucker verrühren.

3 Öl in einer Pfanne erhitzen. Schinken darin in ca. 3 Minuten knusprig braten. Kartoffeln zugeben und unter Rühren anbraten. Gurken zufügen und alles ca. 5 Minuten bei mittlerer Hitze braten.

4 Crème-fraîche-Mischung zufügen und alles noch ca. 5 Minuten köcheln lassen. Mit Salz und Pfeffer abschmecken. Dill unterheben und servieren.

Lamm-Tomaten-Eintopf

4–5	Fleischtomaten
2–3	Zwiebeln
3	Knoblauchzehen
½	Bund Petersilie
1	Zweig Rosmarin
1	Zweig Thymian
500 g	Lammrücken (ausgelöst)
4 EL	Olivenöl
2 EL	Tomatenketchup (s. S. 115)
	Salz
	Pfeffer
250 ml	Rotwein
750 ml	Gemüsebrühe (s. S. 105)

1 Tomaten heiß überbrühen, häuten, Stielansätze entfernen und in Stücke schneiden. Zwiebeln und Knoblauch schälen. Zwiebeln grob, Knoblauch fein hacken. Petersilie, Rosmarin und Thymian waschen und trocken schleudern. Petersilie hacken.

2 Fleisch kurz waschen und trocken tupfen. Haut mit einem scharfen Messer abtrennen und Fleisch in ca. 2 x 2 cm große Würfel schneiden.

3 Öl in einem großen Topf erhitzen. Zwiebeln und Knoblauch kurz anbraten, Fleisch zugeben und unter Rühren scharf anbraten. Ketchup, Salz, Pfeffer, Thymian und Rosmarin zufügen, umrühren. Rotwein und Brühe zugießen, aufkochen, Hitze reduzieren und ca. 30 Minuten köcheln lassen.

4 Tomatenstücke einrühren und weitere 10–15 Minuten köcheln lassen. Thymian- und Rosmarinzweig entfernen. Vor dem Servieren mit Petersilie bestreuen.

Forellenfilet auf Mangold

Mangold schmeckt ähnlich wie Spinat. Allerdings ist er beim Anbau viel ertragreicher, hat größere Blätter und enthält auch deutlich mehr Vitamine. Die Stiele kann man entweder abtrennen und wie Spargel zubereiten oder in Scheibchen schneiden und zusammen mit den Blättern garen.

1 kg	Mangold
	Salz
125 ml	trockener Weißwein
100 g	Sahne
1 TL	gekörnte Brühe
	frisch geriebene Muskatnuss
4	Forellen, filetiert
	weißer Pfeffer
	Zitronensaft
200 g	saure Sahne

1 Backofen auf 200 °C vorheizen. Mangold putzen, Stiele kürzen, gründlich waschen und in einem großen Topf mit Salzwasser 3–4 Minuten blanchieren. Über einem Sieb abgießen und abtropfen lassen. Blätter und Stiele grob hacken. Mangold in eine weite Auflaufform geben (sodass die Forellenfilets nicht übereinanderliegen).

2 Weißwein und Sahne vermischen, mit gekörnter Brühe, Salz und Muskatnuss würzen und über den Mangold gießen.

3 Fischfilets waschen, trocken tupfen, auf beiden Seiten salzen und pfeffern und mit etwas Zitronensaft beträufeln. Filets auf den Mangold legen und mit saurer Sahne bestreichen. Im Backofen 20–30 Minuten garen.

Einmachen und Einkochen

Es gibt wohl kaum etwas Köstlicheres als selbst gemachte Konfitüren, Marmeladen, Gelees oder eingekochte Früchte – an kalten Wintertagen eine fruchtige Erinnerung an den Sommer.
Beim Einmachen bzw. Einkochen unterscheidet man zwei verschiedene Arten:

1. Sterilisieren Beim Sterilisieren wird das Obst oder Gemüse gewaschen, geschält und in Stücke geschnitten. Diese werden in Einmachgläser geschichtet und mit einer Zucker-, Salz- oder Essiglösung aufgefüllt. Anschließend werden die Gläser mit Deckel, Gummi und Klammer luftdicht verschlossen und bei über 100 Grad sterilisiert, das heißt, die Gläser werden in kochendem Wasser in einem speziellen Einmachtopf im Backofen oder im Dampfdrucktopf für längere Zeit erhitzt. Wie lange dies dauert, hängt von der Obst- oder Gemüsesorte und von der gewählten Einkochart ab. Danach die Gläser abkühlen lassen. Zur Kontrolle einmal am Deckel ziehen, ist er zu, kann das Eingemachte für mehrere Jahre aufbewahrt werden, denn beim Sterilisieren werden sämtliche Mikroorganismen abgetötet.

2. Pasteurisieren Beim Pasteurisieren oder Heißeinfüllen wird das Obst oder Gemüse genauso vorbereitet wie beim Sterilisieren. Anschließend mit Essig und Zucker oder Salz auf ca. 100 Grad erhitzt und in saubere Gläser – am besten mit Deckel – gefüllt. Das Eingekochte ist zwar nicht so lange haltbar wie nach dem Sterilisieren, dafür ist die Methode schonender, das heißt, die in den Früchten enthaltenen Nährstoffe bleiben weitgehend erhalten. Pasteurisieren eignet sich vor allem für die Verarbeitung von kleineren Mengen, wie man sie etwa für Chutneys, Relishes und Saucen, für Konfitüren, Marmeladen und Gelees benötigt.

Marmelade, Konfitüre oder Gelee? Obwohl wir zu fast allem, was wir selbst machen, Marmelade sagen, ist diese Bezeichnung streng genommen falsch. Als Marmelade dürfen nur die aus Zitrusfrüchten hergestellten Produkte bezeichnet werden. Alles andere, also auch die aus unseren heimischen Obst- und Beerensorten hergestellten Aufstriche, heißen Konfitüren. Für Konfitüren mit Fruchtstückchen werden die Früchte gewaschen, geputzt, eventuell in Stücke geschnitten und mit Gelierzucker vermischt. Danach lässt man das Ganze einige Stunden, bei manchen Früchten wie Pflaumen am besten über Nacht, ziehen. Gelee nennt man Produkte, die aus dem Saft von Früchten gemacht werden, sie sind also Konfitüren ohne sichtbare Fruchtstücke. Hierfür wird das Obst wie beschrieben vorbereitet, mit Wasser aufgekocht, durch ein Sieb abgegossen und der Fruchtsaft mit Gelierzucker aufgekocht.

Grundlegendes für alle Formen des Haltbarmachens Auf einige Dinge sollten Sie achten, egal ob Sie Früchte bzw. Gemüse trocknen, einkochen oder in Essig einlegen oder ob Sie Konfitüre bzw. Chutney daraus machen wollen:

- Die Früchte sollten reif und ohne faulige Stelle bzw. Druckstellen sein.
- Die Gläser und das Kochgeschirr müssen absolut sauber sein. Die Gläser vor dem Befüllen am besten mit kochend heißem Wasser füllen.

- Das Kochgeschirr sollte aus Edelstahl oder Email bestehen. Bei Aluminium greift die Fruchtsäure das Metall an und verändert dadurch den Geschmack.
- Die Einmachgläser sollten immer bis oben befüllt werden. Außerdem sollten die Gläser nicht zu groß sein, damit das Eingemachte möglichst schnell verbraucht wird. Für Konfitüren, Gelees oder Chutneys eignen sich am besten Gläser mit 200, 250 oder 370 Millilitern Fassungsvermögen, für eingemachtes Obst oder Gemüse Gläser mit 750 Millilitern oder 1 Liter Inhalt.
- Das Eingemachte an einem kühlen, dunklen Ort lagern. Geöffnete Gläser unbedingt im Kühlschrank aufbewahren!

Erdbeerkonfitüre
(für 4–5 Gläser à 200 ml)

1 kg **reife Erdbeeren**
2–3 EL **Zitronensaft**
500 g **Gelierzucker 2:1**

1 Erdbeeren putzen, waschen und in kleine Stücke schneiden.
2 Früchte mit Zitronensaft und Zucker in einem großen Topf gut vermischen. Einige Stunden ziehen lassen.
3 Erdbeeren aufkochen und ca. 5 Minuten unter Rühren sprudelnd kochen lassen. Dabei ständig umrühren, damit nichts anbrennt. Bei Bedarf Schaum abschöpfen.
4 Fertige Konfitüre mit einer Schöpfkelle in saubere, heiß ausgespülte Gläser füllen. Fest verschließen und mindestens 5 Minuten auf den Deckel stellen.

Mirabellenkonfitüre
(für 4–5 Gläser à 200 ml)

Mirabellen sind eine kleine Pflaumensorte mit gelben oder tiefroten Früchten. Sie werden auch Bauernpflaumen genannt.

1 kg **Mirabellen**
1 **Orange**
500 g **Gelierzucker 2:1**
1 **Stängel Rosmarin**

1 Mirabellen waschen, abtropfen lassen und entsteinen. Orange halbieren und Saft auspressen.
2 Zusammen in einen großen Topf geben. Zucker darüber streuen und alles gut vermischen. Über Nacht ziehen lassen.
3 Rosmarin waschen, trocken tupfen und zufügen, alles ca. 5 Minuten sprudelnd kochen lassen, bei Bedarf Schaum abschöpfen.
4 Topf von der Kochplatte nehmen, Rosmarin herausnehmen und Früchte pürieren. Mirabellenkonfitüre noch einmal kurz aufkochen und heiß in saubere, heiß ausgespülte Gläser füllen und fest verschließen. Mindestens 5 Minuten auf den Deckel stellen.

Zitronencreme mit Brombeeren

Brombeeren gehören wie Himbeeren zu den Rosengewächsen. Da man sich beim Sammeln Arme und Beine zerkratzt, werden sie auch Kratzbeeren genannt. Von Brombeeren gibt es mittlerweile Kulturformen, die zwar viel Platz im Garten beanspruchen, aber sonst recht pflegeleicht sind.

250 g	Brombeeren
6 EL	Zucker
5 Blatt	weiße Gelatine
2	sehr frische Eier
1	unbehandelte Zitrone
250 g	Magerquark
300 g	Sahne

1 Brombeeren verlesen, waschen und mit 2 EL Zucker kurz aufkochen. Abkühlen lassen.

2 Gelatine nach Packungsanweisung in kaltem Wasser einweichen. Eier trennen, Eiweiß zu steifem Schnee schlagen, Eigelbe mit übrigem Zucker sehr schaumig rühren.

3 Zitrone heiß waschen und abtrocknen. Mit einem Sparschäler feine Streifen von der Schale schneiden. Zitrone halbieren und Saft auspressen. Saft und Quark verrühren und zur Eigelbmasse geben.

4 Gelatine tropfnass in einen Topf geben und langsam erhitzen, bis sie sich auflöst. 2 EL Sahne unterheben. Gelatine unter die Zitronencreme rühren. Restliche Sahne steif schlagen und mit dem Eischnee vorsichtig unter die Creme ziehen, in eine Schüssel geben und zugedeckt mindestens 4 Stunden im Kühlschrank fest werden lassen.

5 Zum Servieren mit einem Esslöffel Zitronencreme abstechen und auf einem Dessertteller mit den Brombeeren anrichten. Mit den Zitronenstreifen garnieren.

Stachelbeermousse

Stachelbeeren gibt es in vielen verschiedenen Sorten: mit roten oder gelblich-grünen Beeren, glatt oder behaart. Sie schmecken, je nach Sorte, süßlich, süßsauer oder säuerlich.

600 g	Stachelbeeren
150 g	Zucker
200 g	Sahne

1 Stachelbeeren verlesen, putzen und mit sehr wenig Wasser und der Hälfte des Zuckers aufkochen. Ca. 10 Minuten köcheln lassen, abgießen und etwas abkühlen lassen.

2 Beeren durch ein feines Sieb streichen und mit restlichem Zucker mischen.

3 Sahne und Eiweiß getrennt sehr steif schlagen und unter das Stachelbeermark ziehen. Eventuell mit Zucker abschmecken. Stachelbeermousse auf Dessertschälchen verteilen und mit Keksen dazu servieren.

Johannisbeerauflauf

Wenn Sie die Johannisbeeren am Tag der Ernte verarbeiten, können Sie die Früchte gleich ohne die Stiele ernten. Dazu stellt man am einfachsten einen kleinen Eimer direkt unter die Rispen und zieht die Beeren mit den Fingern vorsichtig herunter. Sollen die Johannisbeeren bis zum nächsten Tag aufbewahrt werden, empfiehlt es sich, die Stiele dran zu lassen, so trocknen die Früchte weniger schnell aus.

für 6 Personen

125 g	Schwarzbrot vom Vortag
800 g	rote Johannisbeeren
5	Eier
150 g	Zucker
	abgeriebene Schale von 1 unbehandelten Zitrone
½ TL	Zimtpulver
	Butter für die Form
	Puderzucker zum Bestäuben

1. Backofen auf 175 °C vorheizen. Schwarzbrot in der Küchenmaschine oder mit der Reibe zu feinen Bröseln zerkleinern. Johannisbeeren verlesen, waschen und gut abtropfen lassen.
2. Eier trennen. Eiweiße zu steifem Schnee schlagen. Eigelbe mit Zucker schaumig rühren. Zitronenschale und Zimt unterrühren. Johannisbeeren und Brotbrösel zufügen und mit der Eimasse vermischen. Eischnee unterheben.
3. Eine Auflaufform buttern und Masse einfüllen. Im Ofen 60–70 Minuten backen. Auflauf nach 25–30 Minuten mit Alufolie bedecken. Fertigen Johannisbeerauflauf mit Puderzucker bestreut servieren.

Heidelbeerdatschi

Kulturheidelbeeren, die man im eigenen Garten anbauen oder auf einer Heidelbeerplantage pflücken kann, haben größere Früchte mit weißlichem Fruchtfleisch, das süßer, aber nicht so intensiv schmeckt wie das der Wildformen.

für 1 Backblech

375 g	Mehl
25 g	Hefe
100 g	Zucker
125 ml	lauwarme Milch
1	Prise Salz
100 g	weiche Butter
2–3	Eier
1,5 kg	Heidelbeeren
	Butter für das Blech
	Mehl für die Arbeitsfläche und das Blech
	Zucker zum Bestreuen

1 Mehl in eine Schüssel sieben, in die Mitte eine Mulde drücken, Hefe hinein bröckeln und 1 TL Zucker darüber verteilen. Etwas lauwarme Milch zugießen und mit Hefe, Zucker und etwas Mehl vom Rand verrühren. Zugedeckt an einem warmen Ort ca. 15 Minuten gehen lassen.

2 Restlichen Zucker zusammen mit Salz, Butter und Eiern in einer Schüssel schaumig rühren.

3 Schaummasse und restliche Milch zur Hefemasse geben und mit den Knethaken des Handrührgerätes schlagen, bis ein geschmeidiger Teig entsteht. Zugedeckt ca. 20 Minuten gehen lassen.

4 Für den Belag Heidelbeeren verlesen, gründlich waschen und gut abtropfen lassen.

5 Backofen auf 200 °C vorheizen. Ein Backblech mit Butter ausstreichen und mit Mehl bestäuben.

6 Den Teig auf einer bemehlten Arbeitsfläche ausrollen, auf das Blech legen und mit den Fingern einen Rand formen. Heidelbeeren darauf verteilen.

7 Datschi im Backofen auf der mittleren Schiene 25–30 Minuten backen, herausnehmen und noch heiß mit etwas Zucker bestreuen. Abkühlen lassen.

Eis selbst machen

Gerade im Sommer ein Hit und wer in seinem Garten verschiedene Beeren- und Obstsorten anbaut, kann sich die leckersten Variationen zusammenstellen. Wichtig ist, dass die verwendeten Früchte richtig reif sind, denn nur so entfalten sie ihr ganzes Aroma.

Erdbeereis

200 g	Erdbeeren
85 g	Zucker
3 EL	Zitronensaft
125 ml	Milch
100 g	Sahne

1 Erdbeeren waschen, putzen, Stielansatz entfernen und pürieren. Zucker, Zitronensaft und Milch zufügen und vermischen. Sahne steif schlagen und unterheben.

2 Masse in eine Schüssel füllen, abdecken und in die Gefriertruhe oder das Gefrierfach des Kühlschranks stellen, bis sie hart ist (3–4 Stunden). Währenddessen das Eis alle 30 Minuten mit dem Schneebesen kräftig umrühren.

Joghurt-Kirsch-Eis

Süßkirschen sind in der Regel früher reif als Sauerkirschen. Da bei Sauerkirschen die Früchte an den Trieben des Vorjahres wachsen, sollte man diese nach der Ernte bis auf eine Knospe zurückschneiden.

400 g	Sauerkirschen
50 g	Zucker
1	Zitrone
200 g	Sahnejoghurt
1	Päckchen Vanillezucker
	3 EL Zucker

1 Kirschen entsteinen und mit Zucker sowie 250 ml Wasser aufkochen. Kirschen in 5–10 Minuten weich dünsten. Durch ein Sieb abgießen, abtropfen und abkühlen lassen.

2 Zitrone auspressen und die Kirschen mit dem Saft fein pürieren. Sahnejoghurt, Zucker und Vanillezucker untermischen.

3 Masse in eine Schüssel füllen, abdecken und in die Gefriertruhe oder das Gefrierfach des Kühlschranks stellen, bis sie hart ist (ca. 3 Stunden). Währenddessen das Eis alle 30 Minuten mit dem Schneebesen kräftig umrühren.

Himbeersorbet

für 6 Personen

220 g	Zucker
500 g	Himbeeren
200 ml	fruchtiger Weißwein
2	Eiweiß

Für dieses Dessert sollten die Früchte vollreif sein, dann ist ihr Geschmack am intensivsten.

1 Zucker und 220 ml Wasser aufkochen und ca. 5 Minuten sirupartig einköcheln lassen.
2 Himbeeren verlesen, waschen und abtropfen lassen. Zum Zuckersirup geben und kurz erhitzen. Masse pürieren und durch ein feines Sieb streichen. Wein zufügen, alles gut vermischen und abkühlen lassen.
3 Eiweiße steif schlagen und vorsichtig unterheben. Himbeermasse in einer Schüssel in den Gefrierschrank stellen und hart werden lassen (ca. 3 Stunden). Währenddessen das Eis alle 30 Minuten mit dem Schneebesen kräftig umrühren.

Paulas Blitz-Sorbet

500 g	tiefgekühlte Erdbeeren
2–5 EL	Zucker (je nach Geschmack)
150 g	Magermilchjoghurt

1 Erdbeeren so weit antauen lassen, dass sie püriert werden können. Zucker und Joghurt zufügen und noch einmal durchmixen. Sofort servieren.

Tipp:
Dieses Sorbet können Sie auch mit gemischten Beeren oder Kirschen zubereiten.

Trocknen und dörren

Eine der ältesten Methoden zum Haltbarmachen von Nahrungsmitteln ist das Trocknen und Dörren. Hierbei wird meist Früchten ein großer Teil des in ihnen enthaltenen Wassers entzogen.

Es gibt verschiedene Verfahren: So können beispielsweise Pilze geputzt und in feine Scheiben geschnitten an Schnüren aufgefädelt werden. Die Schnüre spannt man dann an einem sonnigen, trockenen Platz auf. Innerhalb einiger Tage ist das Erntegut so weit getrocknet, dass es haltbar ist. Leider ist das Wetter in unseren Breiten meist zu wechselhaft, sodass dies nicht wirklich gut funktioniert.

Ein trockener Speicher ist eine gute Alternative. Dort kann man kleine Kräutersträuße aus Thymian, Rosmarin und Oregano aufhängen oder Obst- und Gemüseschnitze auf Gittern, die mit Butterbrotpapier ausgelegt oder mit Mull bespannt sind, trocknen. Währenddessen sollte man den Speicher regelmäßig lüften, damit die beim Trocknen entstehende Feuchtigkeit abziehen kann. Auch Lavendel lässt sich hervorragend trocknen. Wenn man ihn anschließend in Säckchen einnäht, verströmt er einen intensiven Geruch, der die Motten von Kleiderschränken fernhält.

Schnittlauch, Petersilie und Dill verlieren beim Trocknen ihr ganzes Aroma. Besser ist es, diese Kräuter fertig vorbereitet einzufrieren (s. (Wild-)Kräuter ernten und aufbewahren, S. 22/23) oder Schnittlauch und Dill in den Wintermonaten auf der Fensterbank frisch zu ziehen.

Zum Dörren eignet sich der Backofen sehr gut. Bei 50 Grad trocknen Obst und Gemüse wesentlich schneller als an der Luft – je nach Dicke und Wassergehalt kann dies 5–20 Stunden dauern. Am besten legt man hierzu die Obst- oder Gemüsestücke auf einen mit Back- oder Butterbrotpapier belegten Rost. Die Früchte sollten nicht übereinander liegen. Die Ofentür muss einen Spalt geöffnet bleiben, damit die Feuchtigkeit abziehen kann. In modernen Umluftherden kann man problemos auf mehreren Rosten gleichzeitig trocknen. Die Anschaffung eines professionellen Dörrapparats lohnt sich dagegen erst, wenn man regelmäßig größere Mengen trocknen will.

Beim Trocknen sollte man auf folgende Dinge achten:

- Das Obst oder Gemüse sollte in einwandfreiem Zustand sein.
- Obst mit Schale, z. B. ganze Zwetschgen, brauchen länger zum Dörren als beispielweise geschälte Apfelringe.
- Damit Früchte wie Birnen- und Apfelschnitze ihre helle Farbe behalten, taucht man sie vor dem Trocknen kurz in Zitronenwasser.
- Getrocknete Früchte müssen auch trocken gelagert werden, da sie sonst verschimmeln oder verfaulen. Gut geeignet sind dicht schließende Kunststoffdosen oder Schraubgläser, die Sie im Keller kühl und dunkel aufbewahren.

Zur Weihnachtszeit kann man Fruchtstücke wie beispielweise Orangenscheiben auch auf dem Kachelofen oder der Heizung trocknen. So wird die Wohnung von einem aromatischen, fruchtigen Duft erfüllt.

Zeit der Ernte

Salate	88–92
Suppen	93–94
Hauptgerichte	98–116
Desserts	117–123

Richtig lagern

Es gibt viele Möglichkeiten, geerntetes Obst und Gemüse zu bevorraten. Gemüsesorten, die im späten Herbst reifen, aber nicht winterhart sind, eignen sich beispielsweise für das Einlagern im Keller. Vorausgesetzt, der Keller ist dunkel, kühl – nicht über 10 Grad –, feucht und gut zu lüften. Nicht zu trocken sollte der Raum gerade für Obst sein – denn ist die Luftfeuchtigkeit zu gering, entzieht sie den Früchten Feuchtigkeit und sie schrumpeln. Ist der Keller nicht feucht genug, können Sie die Früchte auch in Frischhaltebeutel verpacken. Obst kann in speziellen Obststeigen oder Regalen offen gelagert werden. Grundsätzlich sollten Äpfel getrennt von anderem Obst aufbewahrt werden, da sie ein Reifungsgas, das sogenannte Ethylen, absondern, das andere Früchte schneller reifen lässt. Aufbewahrt werden sollten Äpfel oder Birnen nur in einwandfreiem Zustand (kein Fallobst oder beschädigte Früchte). Optimal ist eine Lagerung, bei der die Früchte sich nicht berühren. Gelegentlich sollten Sie die Früchte kontrollieren und gegebenenfalls angefaulte aussortieren. Obst und Gemüse sollten auch immer in unterschiedlichen Räumen aufbewahrt werden. Leider erfüllen die wenigsten modernen Keller die Voraussetzungen für ein längeres Einlagern. Besitzt man einen Garten, kann stattdessen eine Erdmiete oder das Frühbeet zum Einlagern vor allem von Gemüse eingerichtet werden.

Erdmiete und Frühbeet als Winterlager

Im November, wenn die meisten Beete schon abgeerntet sind, ist die richtige Zeit, um eine Erdmiete anzulegen. Hierfür gräbt man in einem Beet ein 30–40 Zentimeter tiefes Loch. Um Mäusen und Wühlmäusen keine Chance zu geben, sollten der Boden und die Seitenwände mit Maschendraht ausgelegt werden. Dann bedeckt man den Boden mit einer Schicht Kies, Sand oder Stroh, darauf kommt das vorbereitete Gemüse, danach wieder eine Schicht Sand oder Erde und wieder Gemüse usw., bis die Miete voll ist. Den Abschluss bildet eine dicke Schicht aus Stroh und nochmals Erde (Mäusedraht nicht vergessen!).
Je stärker die Fröste werden, umso dicker sollte die Erdschicht sein. Auch eine dicke Schicht aus Laub schützt gegen starke Kälte. Eine Erdmiete muss regelmäßig belüftet und das darin eingelagerte Gemüse kontrolliert werden.
Wer Besitzer eines Frühbeets ist, hat es noch einfacher: Er gräbt im Frühbeet 25–30 Zentimeter tief in den Boden, lockert die Erde gründlich auf, schichtet das Gemüse ein und verteilt darüber eine Schicht Erde. Die Frühbeetfenster und die Seitenwände werden mit Stroh oder Laub bedeckt und schützen so gegen Frost.

Gemüse richtig vorbereiten

Gemüse, das in die Erdmiete oder das winterfest gemachte Frühbeet soll, muss einwandfrei sein. Man erntet es am besten an einem trockenen Spätherbsttag (einige Kohlsorten auch erst nach dem ersten Frost, da sie dann noch besser schmecken). Bevor Karotten, Pastinaken, Steckrüben, Fenchel, Rote Bete, Knollensellerie und Winterrettich in die Miete oder das Frühbeet kommen, wird das Blattgrün bis auf 2–3 Zentimeter gekürzt und die Erde grob mit den Händen entfernt – das Gemüse darf auf keinen Fall gewaschen werden!
Chinakohl und Endiviensalat werden mit dem Wurzelballen ausgegraben und eingelagert. Von Wirsing, Weiß- und Rotkohl werden die äußersten Blätter entfernt und mit dem Strunk nach oben in der Miete gestapelt.
Grünkohl darf im Freien bleiben, er hält jedem Frost stand. Winterlauch und Rosenkohl sind bedingt winterhart, das heißt, zu lang anhaltende starke Fröste überstehen sie nicht. Lauch hilft es allerdings, wenn Sie etwas Erde rundherum anhäufeln.

Blattsalat mit Knoblauchcroûtons

Im Herbst hat Feldsalat wieder Saison. Die im August gesäten Samen sind jetzt erntereif. Alles, was danach noch ausgesät wurde, überwintert in den Beeten und wird im nächsten Frühling zeitig fertig.

1 Kopf	Lollo rosso
1 Handvoll	Rucola
2 Handvoll	Feldsalat
1 Bund	Schnittlauch
einige Stängel	Basilikum
2 EL	Aceto Balsamico
	Salz
	weißer Pfeffer
1 Prise	Zucker
6 EL	Rapsöl
3 Scheiben	Weißbrot
1	Knoblauchzehe

1 Salate gründlich waschen und trocken schleudern. Kräuter waschen und ebenfalls trocknen. Schnittlauch in feine Röllchen, Basilikumblättchen in Streifen schneiden. Salate und Kräuter in einer großen Schüssel mischen.

2 Für das Dressing Essig, Salz, Pfeffer und Zucker gut verrühren. 4 EL Öl gründlich unterschlagen.

3 Weißbrot in Würfel schneiden. Knoblauch schälen. Restliches Öl in einer kleinen Pfanne erhitzen. Brotwürfel bei mittlerer Hitze goldgelb und knusprig anbraten. Knoblauch durch die Presse dazudrücken und untermischen.

4 Dressing über dem Salat verteilen und unterheben, mit Knoblauchcroûtons bestreut servieren.

Karotten-Apfel-Salat

Gegen den Befall von Möhrenfliegen hilft das Abdecken des Beetes mit Vlies oder Gemüsefliegennetzen. Auch wenn man Zwiebeln in die unmittelbare Nachbarschaft der Karotten pflanzt, trägt dies zur Schädlingsabwehr bei.

600 g	Karotten
2–3	säuerliche Äpfel
2–3 EL	Zitronensaft
	Salz
	Pfeffer
	Zucker
5 EL	Walnussöl

1 Karotten putzen, waschen und raspeln. Äpfel waschen, vierteln, entkernen und raspeln. Äpfel und Karotten mischen.

2 Für das Dressing Zitronensaft, Salz, Pfeffer, Zucker und Öl verrühren und über den Salat geben.

Tipp:

Einen besonderen Pfiff bekommt dieser vitaminreiche Salat, wenn man Haselnüsse oder Walnüsse dazugibt: Nüsse knacken, die Kerne mit einem Messer grob hacken und über den fertigen Salat streuen.

Rote-Bete-Salat mit Nüssen

500 g	Rote Bete
	Salz
2	rote Zwiebeln
2 EL	Rotweinessig
	Pfeffer
¼ TL	Zucker
4 EL	Sonnenblumenöl
15 g	Walnusskerne

1 Rote Bete putzen, waschen und ca. 30 Minuten zugedeckt in Salzwasser garen. Abgießen und etwas abkühlen lassen. Schälen und in schmale Stifte schneiden. Zwiebeln schälen, halbieren und in feine Streifen schneiden.
2 Für das Dressing Essig, Salz, Pfeffer, Zucker und Öl verrühren. Zwiebeln und Rote Bete unterheben und ca. 30 Minuten ziehen lassen.
3 Walnusskerne grob hacken, über den Salat streuen und servieren.

Endivien-Kartoffel-Salat

Um möglichst viele der zarten inneren Blätter zu bekommen, kann man den Endiviensalat im September, wenn die Köpfe schon groß sind, zusammenbinden. Wichtig ist, dass die Blätter dabei trocken sind, sonst beginnen sie leicht zu faulen.

750 g	festkochende kleine Kartoffeln
½ TL	Kümmel
½	Kopf Endiviensalat (je nach Größe)
	Salz
	Pfeffer
¼ TL	Zucker
5–6 EL	Rotweinessig
8 EL	Sonnenblumenöl
125–250 ml	Gemüsebrühe (s. S. 105)

1 Kartoffeln waschen und mit dem Kümmel 15–20 Minuten in reichlich Wasser garen. Abgießen, kalt abschrecken und etwas abkühlen lassen.

2 Endiviensalat putzen, waschen (damit der Salat seine Bitterstoffe verliert, Blätter ca. 10 Minuten in lauwarmem Wasser liegen lassen) und trocken schleudern.

3 Kartoffeln pellen und in dünne Scheiben schneiden, mit Salz, Pfeffer und Zucker würzen, Essig, Öl und Gemüsebrühe vermischen, darübergießen und vorsichtig mischen. Ca. 15 Minuten ziehen lassen.

4 Endiviensalat in dünne Streifen schneiden und unter den Kartoffelsalat heben. Nach Belieben mit Salz und Essig abschmecken.

Rote-Bete-Suppe

Rote Bete gehört zu den Rettichpflanzen. Ihre Samen sind ziemlich groß und lassen sich gut ohne Vorziehen direkt ins Freiland säen. Die vitaminreichen Knollen sollten nicht zu groß werden, da sie jung geerntet besonders zart sind.

800 g	Rote Bete
1 l	Fleischbrühe
1 EL	Essig
¼ TL	Zucker
	Salz
½ TL	gemahlener Kümmel
½	Bund Petersilie
4 EL	saure Sahne

1 Rote Bete putzen, waschen, schälen und in dünne Scheiben schneiden. Eine Rote Bete klein würfeln. Fleischbrühe aufkochen. Rote-Bete-Scheiben zufügen und zugedeckt bei geringer Hitze ca. 40 Minuten garen.

2 Suppe mit dem Stabmixer pürieren, gewürfelte Rote Bete zufügen, mit Essig, Zucker, Salz und Kümmel süßsauer abschmecken und weitere ca. 25 Minuten köcheln lassen.

3 Petersilie waschen, trockenschleudern und fein hacken. Rote-Bete-Suppe auf vier Teller verteilen, mit Petersilie bestreuen und mit je 1 EL saurer Sahne garnieren.

Fleischbrühe mit Grießnocken

Werden Selleriepflänzchen im Juli „gesalzen", wachsen die weißen Knollen besser. Dazu nimmt man einfaches Kochsalz, ca. 5 Gramm pro Quadratmeter, streut es rund um die Pflänzchen auf die Erde und hackt es ein.

500 g	**Rindfleisch (z. B. Zwerchrippe, Brustspitz)**
2–3	**Rinderknochen**
1	**mittelgroße Zwiebel**
1	**Karotte**
½	**Sellerieknolle**
1	**Petersilienwurzel**
1	**Stange Lauch**
	Salz
50 g	**weiche Butter**
1	**Ei**
	frisch gemahlene Muskatnuss
100 g	**Weizengrieß**
1	**Bund Schnittlauch**

1. Für die Fleischbrühe Rindfleisch und Knochen waschen. In einen großen Topf geben, mit ca. 2 l kaltem Wasser auffüllen und aufkochen. Zwiebel schälen und vierteln, Karotte, Sellerie, Petersilienwurzel und Lauch putzen, waschen und in grobe Stücke schneiden. Gemüse zum Fleisch geben, salzen. 1½–2 Stunden bei niedriger Hitze köcheln lassen. Fleisch und Gemüse herausnehmen, Suppe eventuell entfetten und mit Salz abschmecken.
2. Butter schaumig rühren. Ei, Salz und etwas Muskat unterrühren. Grieß langsam einrieseln lassen und vermischen, ca. 30 Minuten quellen lassen.
3. Aus der Grießmasse mit einem Esslöffel längliche Nocken abstechen und in die siedende – nicht mehr kochende – Brühe gleiten lassen, in 10–15 Minuten gar ziehen lassen, bis alle oben schwimmen. Sie sollten außen weich, aber innen noch etwas fest sein.
4. Schnittlauch waschen, trocken schleudern, in Röllchen schneiden und vor dem Servieren über die Grießnockensuppe geben.

Tipp:

Fleischbrühe können Sie wie Gemüse- oder Geflügelbrühe in größeren Mengen zubereiten, in Gefrierbehälter füllen und im Gefrierschrank aufbewahren. Die einzelnen Portionen lassen sich nach Bedarf auftauen und weiterverarbeiten.

Pilzsuppe mit Semmelknödeln

Für Gerichte mit frischen Pilzen gilt generell, dass Sie diese nicht wieder aufwärmen sollten. Pilze enthalten Aminosäuren, die durch Sauerstoff und Bakterien in sehr kurzer Zeit zu Harnsäure und Ammoniak zersetzt werden. Außerdem besitzen alle Pilze ein Grundgerüst aus Chitin, einer stickstoffhaltigen und leicht verderblichen Substanz.

10	Brötchen vom Vortag
	Salz
375 ml	heiße Milch
500 g	frische gemischte Pilze (Steinpilze, Rotkappen, Maronenröhrlinge)
2	Zwiebeln
40 g	Butter
30 g	Mehl
1 l	Gemüsebrühe (s. S. 105)
1	Bund Petersilie
1 EL	Öl
3	Eier
200 g	Sahne

1 Für die Knödel Brötchen fein schneiden, salzen und mit Milch übergießen, ca. 20 Minuten ruhen lassen.

2 Pilze gründlich mit Küchenkrepp abreiben und feinblättrig schneiden. Zwiebeln schälen und fein hacken. Butter in einem großen Topf erhitzen und die Hälfte der Zwiebeln darin glasig dünsten. Pilze zugeben und ca. 5 Minuten dünsten. Mit Mehl bestäuben, unter Rühren anbraten, mit Brühe aufgießen, salzen und bei mäßiger Hitze ca. 20 Minuten köcheln lassen.

3 Für die Knödel Petersilie waschen, trocken schleudern und Blättchen fein hacken. Öl in einer kleinen Pfanne erhitzen, restliche Zwiebeln und die Hälfte der Petersilie darin andünsten. Brötchen, Eier, Zwiebeln und Petersilie in einer Schüssel mischen und zu einem glatten Teig verkneten. Ist der Teig zu weich, etwas Paniermehl zugeben.

4 In einem großen Topf reichlich Salzwasser aufkochen, dann die Hitze reduzieren. Knödel formen und ca. 20 Minuten darin ziehen lassen.

5 Sahne in die Suppe einrühren. Kurz vor dem Servieren restliche Petersilie über die Suppe streuen. Dazu die Knödel servieren.

Kürbiseintopf

Kürbispflanzen brauchen viel Platz. Allerdings müssen sie nicht unbedingt in ein Gemüsebeet gepflanzt werden, auch ein Komposthaufen mit seinem humosen, nährstoffreichen Boden eignet sich hervorragend.

1 kg	Kürbis
1–2	große Kartoffeln
3 EL	Öl
	Saft von ½ Zitrone
250–375 ml	Gemüsebrühe (s. S. 105)
1 TL	Zucker
	Salz
	Pfeffer
½	Bund Dill
125 g	Crème fraîche

1 Kürbis schälen und Kerne entfernen. Das Fleisch in ca. 2,5 cm große Würfel schneiden. Kartoffeln schälen, waschen und klein würfeln.

2 Öl in einem großen Topf erhitzen, Kürbisstücke und Kartoffeln bei mittlerer Hitze anbraten. Zitronensaft und Brühe zufügen, mit Zucker, Salz und Pfeffer würzen. Alles zugedeckt 20–30 Minuten bei geringer Hitze köcheln lassen.

3 Dill waschen, trocken schleudern, Spitzen von den Stielen zupfen und fein hacken. Crème fraîche und Dill in den Eintopf rühren, kurz aufkochen und servieren.

Überbackenes Zwiebel-Apfel-Mus

Für das Mus eigenen sich am besten säuerliche Äpfel wie Boskop, Cox Orange oder Granny Smith. Aufgrund seiner guten Lagerfähigkeit gilt der Boskop als ideale Sorte, die sich auch gut im eigenen Garten anbauen lässt. Erntezeit ist zwischen Mitte September und Mitte Oktober. Richtig aromatisch schmeckt dieser Apfel allerdings erst nach einer Lagerzeit von ein paar Wochen, frühestens ab November.

4	**Gemüsezwiebeln**
4	**Äpfel**
	Saft von 1 Zitrone
1 l	**Apfelsaft**
2 EL	**Honig**
	Salz
	Pfeffer
200 g	**Schafskäse**
100 g	**gehackte Walnüsse**

1. Zwiebeln schälen und in breite Streifen schneiden. Äpfel schälen, vierteln, Kerngehäuse entfernen und längs in Spalten schneiden.
2. Apfelsaft in einem Topf erhitzen. Zwiebeln, Äpfel, Zitronensaft und Honig zufügen. Mit Salz und Pfeffer abschmecken. Aufkochen und so lange köcheln lassen, bis fast die gesamte Flüssigkeit verdampft ist.
3. Backofen auf 250 °C vorheizen. Zwiebel-Apfel-Mus in eine Auflaufform füllen. Schafskäse grob zerkleinern, darüber verteilen und mit Walnüssen bestreuen. Ca. 15 Minuten im Backofen überbacken.

Pilze im Wald sammeln

Von August bis Oktober ist Hochsaison für Pilzsammler. Damit die leckere Delikatesse aus dem Boden sprießt, darf es nicht zu trocken sein. Die beste Zeit ist nach einem warmen Regenguss oder wenn die Nächte schon neblig sind. Allerdings muss der Boden noch warm sein, denn zu kalt mögen sie es nicht. Vor allem in den Mittelgebirgen und den Alpen kann man noch jede Menge unterschiedlicher Pilze finden: Steinpilze, Maronenröhrlinge, Rotkappen, Birkenpilze, Pfifferlinge und Wiesenchampignons gelten als die schmackhaftesten. Wichtig ist, dass Sie nur die Ihnen wirklich gut bekannten Sorten sammeln. Pilze, bei denen man sich nicht ganz sicher ist, sollte man erst gar nicht pflücken. Gut ist es, ein Pilzbestimmungsbuch auf die Suche mitzunehmen.

Schon beim Sammeln sollte man darauf achten, dass die Pilze nicht zu alt, angeschimmelt, stark verwurmt oder vom Regen aufgeweicht sind, da sonst der Zersetzungsprozess schon eingesetzt haben könnte. Pilze transportiert man am besten in einem Korb, keinesfalls in Plastiktüten, da Wärme, Feuchtigkeit und gestaute Luft ebenfalls zu einer raschen Zersetzung führen können. Die Zubereitung sollte möglichst am gleichen Tag, spätestens aber am nächsten erfolgen. Bis dahin sind die Pilze unbedingt im Kühlschrank aufzubewahren.

Pilze bitte keinesfalls roh verzehren, da es einige Arten gibt, die erst durch das Kochen genießbar werden. Zu Pilzgerichten empfiehlt es sich auch, keinen Alkohol zu trinken, da einige essbare Pilzarten in Verbindung mit Alkohol giftig wirken.

Das Aussehen einiger Pilze, wie beispielsweise das der Pfifferlinge, ist unverwechselbar: Dank ihrer gelben Farbe sind sie auch leicht zu finden. Hier ein schnelles Rezept, das Sie natürlich auch mit weniger als der angegebenen Menge an Pilzen zubereiten können:

Pfifferlinge mit Rührei

400 g	Pfifferlinge
1	Zwiebel
40 g	Butter
6	Eier
100 g	Sahne
	Salz
	Pfeffer
½	Bund Schnittlauch

1 Pfifferlinge mit einem Küchenkrepp gründlich reinigen und feinblättrig schneiden. Zwiebel schälen und fein hacken.
2 Butter in einer Pfanne erhitzen, erst Pilze, dann Zwiebeln zugeben und ca. 10 Minuten anbraten, bis die gesamte Flüssigkeit verdampft ist. Eier und Sahne verquirlen, salzen und pfeffern. Schnittlauch waschen, trocken schleudern und in Röllchen schneiden. Eimasse über die Pilze gießen, die Hälfte des Schnittlauchs darüberstreuen.
3 Pilz-Eier-Mischung bei niedriger Hitze stocken lassen, dabei öfter umrühren. Fertiges Rührei mit restlichem Schnittlauch bestreuen und sofort servieren.

Tipp:
Statt Pfifferlingen kann man genauso gut Maronenröhrlinge, Rotkappen, Birkenpilze, Steinpilze oder gemischte Pilze verwenden.

Frische Pilze aus dem Garten oder vom Balkon

Wer nicht gerne im Wald nach Pilzen sucht oder sich nicht gut genug auskennt, der kann sie auch im Garten oder in hellen Kellerräumen sowie auf Balkon oder Terrasse – je nach Sorte und Anbauart – züchten. Im Angebot für den Eigenanbau finden sich mittlerweile Austernpilze, Pfifferlinge, Braunkappen oder Champignons. Die Möglichkeiten reichen dabei von der Zucht auf Strohballen oder Laubholzstämmen bis hin zur Kiste oder dem Gartenboden.
Champignons bekommt man meist als fertig beimpftes Produkt. Es gibt sie in Kisten mit Fertigsubstrat, das bereits mit der entsprechenden Pilzbrut ausgestattet ist. Diese werden im gut belüftbaren Keller aufgestellt. Beliebte Speisepilze wie etwa Austernpilze finden ideale Wachstumsbedingungen im Stroh. Wichtig ist allerdings, dass das Stroh frisch, ungespritzt und nicht von anderen Pilzsporen befallen ist. Während die fertigen Kulturen in Kisten eigentlich immer gelingen – sofern man sich an die Vorgaben hält –, bleibt es bei beimpften Strohballen oder Laubholzstämmen spannend, ob die Pilze sprießen oder nicht.

Bandnudeln mit Steinpilzsahne

250 g	Steinpilze
400 g	Bandnudeln (s. S. 30/31)
	Salz
40 g	Butter
200 g	Sahne
	Pfeffer
1	Bund Petersilie
	Parmesan

1 Pilze mit Küchenkrepp abreiben und feinblättrig schneiden.
2 Bandnudeln nach Grundrezept (siehe Seite 30/31) zubereiten und in reichlich Salzwasser bissfest garen. Abgießen und abtropfen lassen.
3 Butter erhitzen, Pilze zufügen und so lange braten, bis fast die ganze Flüssigkeit verdampft ist. Sahne zugießen, mit Salz und Pfeffer würzen. Nudeln zugeben und unterheben. Zugedeckt bei geringer Hitze ca. 1–2 Minuten ziehen lassen.
4 Petersilie waschen, trockenschleudern, Blättchen fein hacken und Bandnudeln damit bestreuen. Mit Parmesan servieren.

Brennnesselrisotto mit Champignons

Dieses Rezept kann man auch mit Taubnesseln zubereiten. Sie wachsen wie Brennnesseln an Wegrändern oder Zäunen, brennen aber nicht, da sie keine Nesselzellen besitzen. Im Geschmack sind sie milder als die Brennnessel, aber nicht so vitaminreich.

400 g	Risottoreis (z. B. Arborio)
3–4	Handvoll junge Brennnesselblätter
2	Zwiebeln
4–5 EL	Olivenöl
1 l	Fleischbrühe (s. S. 94)
500 g	Champignons
40 g	Räucherspeck ohne Schwarte
½	Bund Petersilie
	Salz
	Pfeffer
100 g	Butter
100 g	geriebener Parmesan

1 Reis waschen und abtropfen lassen. Brennnesseln kurz mit heißem Wasser überbrühen, waschen und in Streifen schneiden. Zwiebeln schälen und fein hacken.
2 Öl in einem Topf erhitzen und die Hälfte der Zwiebeln darin andünsten, Reis zufügen und unter Rühren glasig dünsten. Mit etwas Brühe ablöschen und unter ständigem Rühren einkochen lassen. So viel Brühe zugießen, dass der Reis gerade bedeckt ist, alles unter Rühren weiterkochen. Wenn die Flüssigkeit aufgesogen ist, Brühe nachgießen. 20–25 Minuten so fortfahren, bis der Reis gar ist.
3 Champignons mit einem Küchenkrepp abreiben und in Scheiben schneiden. Speck würfeln, Petersilie waschen, trocken schleudern und hacken.
4 Speck in einer Pfanne ohne Fett knusprig ausbraten, herausnehmen und Pilze im ausgelassenen Fett anbraten, restliche Zwiebeln sowie Petersilie zufügen und kurz mitbraten. Mit dem Speck unter das Risotto heben.
5 Butter, Parmesan und Brennnesseln in das Risotto rühren. Mit Salz und Pfeffer abschmecken.

Panierte Steinpilze

Einen Steinpilz zu finden, ist für jeden Sammler ein Traum, besonders wenn es sich um ein riesiges Exemplar mit 1 Kilogramm oder mehr handelt. Aber leider sind oft gerade die großen Pilze von Würmern stark befallen.

800 g	Steinpilze
	Salz
	Pfeffer
5–6 EL	Mehl
1	großes Ei
150 g	Paniermehl
	reichlich Öl zum Ausbacken

1 Pilze gründlich mit einem Küchenkrepp abreiben, in ca. 5 mm dicke Scheiben schneiden, leicht salzen und pfeffern. Erst in Mehl, dann in verquirltem Ei und zum Schluss in Paniermehl wenden.

2 Öl in einer Pfanne erhitzen und Pilze darin auf beiden Seiten goldgelb anbraten. Auf Küchenkrepp abtropfen lassen und sofort servieren.

Chinakohlgemüse

Chinakohl wird normalerweise erst im Juli ausgesät und im Herbst geerntet, da er früher im Jahr sofort ins Kraut schießt. Allerdings gibt es inzwischen robuste Sorten, die für eine Aussaat im April geeignet sind und entsprechend früher geerntet werden können.

1 kg	Chinakohl
1	Zwiebel
30 g	Butter
125 ml	Gemüsebrühe (s. unten)
125 g	Sahne
	Salz
	weißer Pfeffer
½ EL	Speisestärke
	frisch geriebene Muskatnuss

1 Chinakohl putzen, waschen, halbieren, Strunk entfernen und in dünne Streifen schneiden. Zwiebel schälen und fein hacken.

2 Butter in einem Topf erhitzen, Zwiebeln zufügen und anbraten, Kohl zugeben und kurz mitdünsten. Gemüsebrühe und Sahne zugießen, mit Salz und Pfeffer würzen. Zugedeckt bei geringer Hitze 10–15 Minuten garen.

3 Speisestärke mit wenig kaltem Wasser glatt rühren und zum Gemüse geben, untermischen und alles ca. 5 Minuten köcheln lassen. Mit Muskat, Salz und Pfeffer abschmecken.

Gemüsebrühe

Gemüse- und Geflügelbrühe kann man gut in kleine Gefrierbehälter füllen und bei Bedarf portionsweise auftauen.

500 g	Suppengemüse (Karotten, Sellerie, Petersilie, Lauch, Zwiebel)
	Öl
	Salz, Pfeffer

Gemüse putzen, waschen und in grobe Stücke teilen. Öl in einem großen Topf erhitzen und Gemüse darin anbraten, mit 1,5 l Wasser aufgießen und ca. 30 Minuten gar kochen. Mit Salz und Pfeffer abschmecken.

Grüne Bohnen mit Schweineschnitzel

Für dieses Gericht kann man sowohl Busch- als auch Stangenbohnen verwenden. Zu kaufen bekommt man meist nur Buschbohnen, ertragreicher für den Eigenanbau und ebenso lecker sind allerdings Stangenbohnen. Ihren Namen tragen sie, da sie an langen Stangen nach oben ranken.

600 g	**Kartoffeln**
	Salz
600 g	**grüne Bohnen**
600 g	**Schweineschnitzel**
4	**Zwiebeln**
5	**Tomaten**
2	**Stängel Majoran**
4 EL	**Öl**
	frisch gemahlener Pfeffer

1 Kartoffeln waschen und in wenig Salzwasser ca. 20 Minuten garen. Kartoffeln abgießen und abkühlen lassen. Bohnen putzen, waschen und in ca. 3 cm lange Stücke schneiden. In Salzwasser in 10–15 Minuten bissfest kochen, kalt abschrecken und abtropfen lassen.

2 Fleisch waschen, trocken tupfen und in Streifen schneiden. Zwiebeln schälen, halbieren, Kartoffeln pellen. Beides in Scheiben schneiden. Tomaten heiß überbrühen, häuten, Stielansätze entfernen und würfeln. Majoran waschen und trocken tupfen.

3 Öl in einer großen Pfanne erhitzen. Fleisch, Zwiebeln und Kartoffeln bei starker Hitze anbraten. Bohnen und Tomaten zufügen und Hitze reduzieren. Mit Salz und Pfeffer würzen, nochmals umrühren und ca. 3 Minuten köcheln lassen. Majoranblättchen von den Stängeln zupfen und zufügen.

Kartoffel-Karotten-Eintopf mit Schweinebauch

Um Kartoffeln selbst anzubauen, kann man gelegentlich bei Bauern eine oder mehrere Parzellen Ackerland pachten. Viel Pflege brauchen die leckeren Knollen nicht. Saatkartoffeln werden im Mai eingesetzt und erst geerntet, wenn im Herbst das Grün abgedörrt ist.

500 g	nicht zu fetter Schweinebauch
2	Zwiebeln
1 kg	Karotten
750 g	Kartoffeln
	Salz
	Pfeffer
	Paprikapulver
375 ml	Fleischbrühe
1	Bund Petersilie

1. Fleisch waschen, trocken tupfen und in ca. 2 cm große Würfel schneiden. Zwiebeln schälen und fein hacken. Karotten und Kartoffeln schälen und waschen. Karotten in dicke Scheiben, Kartoffeln in ca. 2 cm große Würfel schneiden.
2. Fleisch in einem Topf ohne Zugabe von Fett bei starker Hitze anbraten. Zwiebeln zufügen. Mit Salz, Pfeffer und Paprika würzen. Karotten und Kartoffeln zufügen und kurz mitdünsten.
3. Brühe zugießen und Eintopf zugedeckt bei niedriger Hitze ca. 50–60 Minuten garen, nochmals abschmecken. Kurz vor dem Servieren Petersilie waschen, trocken schleudern, Blättchen fein hacken und darüber streuen.

Überbackener Blumenkohl und Brokkoli

Im Herbst haben viele Kohlsorten wie Brokkoli und Blumenkohl Hochsaison, wobei frühe Aussaaten auch schon im Sommer geerntet werden können.

8	mittelgroße Kartoffeln
1	kleiner Blumenkohl
1	Brokkoli
	Salz
150 g	Kochschinken
150 g	roher Schinken
300 g	Käse (z. B. Gouda, Emmentaler, Bergkäse)
200 g	Sahne
½	Brühwürfel
½–1 EL	Speisestärke
1	Bund Schnittlauch
	Pfeffer
20 g	Butter

1 Kartoffeln, Blumenkohl und Brokkoli waschen. Kartoffeln 20–25 Minuten in Salzwasser garen. Blumenkohl und Brokkoli putzen und in Röschen teilen. In Salzwasser 10–15 Minuten bissfest kochen.

2 Backofen auf 200 °C vorheizen. Kohl durch ein Sieb abgießen, dabei 250 ml Kochwasser auffangen. Gemüse in eine weite Auflauf- oder Gratinform schichten, etwas Kochwasser zufügen und mit gekochtem und rohem Schinken bedecken. Käse darüberschichten und 10–15 Minuten im Ofen überbacken.

3 Für die Sauce restliches Kochwasser und Sahne aufkochen, Brühwürfel zufügen und darin auflösen. Speisestärke mit etwas kaltem Wasser glatt rühren und in die Sauce geben. Ca. 5 Minuten köcheln lassen.

4 Schnittlauch waschen, trocken schleudern und in Röllchen schneiden. Kartoffeln abgießen und pellen. Sauce mit Salz und Pfeffer abschmecken. Butter mit dem Schneebesen unterschlagen und mit Schnittlauch bestreuen. Zum Kohl servieren.

Wirsingauflauf

Wirsing hat einen hohen Vitamin-C-Gehalt und reichlich Magnesium, das gut für Muskeln und Nerven ist.

300 g	Makkaroni
	Salz
1	kleiner Wirsing
1	Karotte
1	Zwiebel
3 EL	Öl
200 ml	Gemüsebrühe (s. S. 105)
200 ml	Milch
100 g	Sahne
	Pfeffer
4	Eier
300 g	gemischtes Hackfleisch
100 g	geriebener Gouda

1 Nudeln nach Packungsanweisung in Salzwasser bissfest kochen, abgießen.

2 Wirsing putzen, waschen, vierteln, Strunk entfernen und Blätter in feine Streifen schneiden. Karotte und Zwiebel schälen, Karotte in dünne Scheiben schneiden, Zwiebel fein hacken.

3 1 EL Öl in einem Topf erhitzen, die Hälfte der Zwiebeln darin andünsten. Brühe, Milch und Sahne zufügen, mit Salz und Pfeffer abschmecken und etwas abkühlen lassen. Eier unterrühren.

4 Backofen auf 180 °C vorheizen. Restliche Zwiebeln im restlichen Öl andünsten, Hackfleisch zufügen und anbraten. Karotte und Wirsing zufügen, mit Salz und Pfeffer würzen und ca. 10 Minuten bei geringer Hitze mitdünsten.

5 Nudeln unter die Fleisch-Gemüse-Mischung heben und in eine Auflaufform füllen. Sauce darübergießen und mit Käse bestreuen. 40–45 Minuten im Ofen überbacken.

Forellen auf Fenchelgemüse

Da es sich bei Fenchel um ein mediterranes Gemüse handelt, braucht er einen sonnigen Standort. Den Boden sollte man während der Keimzeit ständig feucht halten und häufig auflockern. Das Gemüse bleibt besonders zart, wenn es bei der Knollenbildung zur Hälfte mit Erde bedeckt ist. Außerdem sollten die Knollen nicht zu spät geerntet werden, da sie sonst zäh und holzig werden. Fenchel hat einen hohen Vitamin-C-Gehalt.

1 kg	Fenchelknollen
200 ml	Weißwein
	Salz
	Pfeffer
4	küchenfertige Forellen
	Saft von ½ Zitrone
20 g	Butterflocken

1 Backofen auf 200 °C vorheizen. Fenchel putzen und in ca. 1 cm dicke Scheiben schneiden. Gemüse und Wein aufkochen, ca. 10 Minuten garen, mit Salz und Pfeffer abschmecken.

2 Fische waschen und trocken tupfen, innen und außen salzen und pfeffern, mit Zitronensaft beträufeln. Fenchelgemüse in eine weite Auflaufform schichten und Fische darauflegen. Mit Butterflöckchen belegen. Ca. 25 Minuten im Ofen braten.

Chutneys, Relishes und Saucen

In Jahren mit reichlicher Gemüse- und Obsternte lohnt es sich, einen Teil davon einzumachen. In Form von fruchtigen, süßsauren oder scharfen Chutneys, Relishes und Saucen bieten sich einige leckere Möglichkeiten, die im Winter für eine gesunde Abwechslung sorgen. Als Beilage zu gegrilltem Fleisch schmecken sie besonders gut. Chutneys haben einen größeren Obst- als Gemüseanteil und ihre Konsistenz erinnert an Konfitüre. Bei Relishes überwiegt der Gemüseanteil und sie sind stückiger.

Stachelbeerchutney

für 4–5 Gläser à 200 ml

1 kg	Stachelbeeren
½ TL	Kümmel
2	Knoblauchzehen
1 TL	Salz
250 ml	Weinessig
500 g	Zucker
¼ TL	Ingwerpulver
1 Msp.	Cayennepfeffer

1. Stachelbeeren putzen und waschen. Kümmel mit 200 ml Wasser aufkochen, vom Herd nehmen und ca. 10 Minuten ziehen lassen. Knoblauchzehen schälen und mit Salz zerdrücken.
2. Essig erhitzen und Zucker darin auflösen. Kümmelwasser durch ein Sieb zum Essig gießen, Stachelbeeren, Ingwer und Cayennepfeffer zugeben. Alles unter ständigem Rühren ca. 20 Minuten reduzieren.
3. Stachelbeerchutney in saubere, heiß ausgespülte Gläser füllen und verschließen. Am besten für einige Minuten auf den Kopf stellen.

Paprika-Zucchini-Relish

für 4 Gläser à 200 ml

je 1	rote, grüne und gelbe Paprikaschote
2–3	kleine Zucchini
3–4	Tomaten
4	Knoblauchzehen
1–2 EL	Tomatenketchup (s. S. 115)
250 ml	Weißwein
50 ml	Weißweinessig
250 g	Gelierzucker 2:1
	Salz
	Chilipulver
	getrockneter Oregano und Thymian

1. Paprikaschoten putzen, waschen und in schmale Streifen schneiden. Zucchini waschen, Enden entfernen und in dünne Scheiben schneiden. Tomaten heiß überbrühen, enthäuten, Stielansatz entfernen und klein würfeln. Knoblauchzehen schälen.
2. Gemüse, Tomatenketchup, Wein, Essig und Gelierzucker unter Rühren aufkochen. Knoblauch durch die Presse dazudrücken und alles ca. 5 Minuten köcheln lassen. Mit Salz, Chilipulver und Kräutern abschmecken. In saubere, heiß ausgespülte Gläser füllen und sofort verschließen. Am besten für einige Minuten auf den Kopf stellen.

Zucchinichutney

Für dieses Chutney kann man auch gut Zucchini verwenden, die zu groß geworden sind. Dazu wird das Gemüse zusätzlich geschält, halbiert und entkernt.

für 2–3 Gläser à 250 ml

1 kg	gelbe und grüne Zucchini
2–3	Chilischoten
2	Äpfel
10	Knoblauchzehen
4–5 cm	Ingwerwurzel
2–3 EL	Olivenöl
1 TL	Koriandersamen
	Salz
200 ml	Obstessig
400 g	brauner Zucker

1 Zucchini, Chilischoten und Äpfel waschen. Enden der Zucchini entfernen und das Fleisch würfeln. Chilis halbieren, Kerne entfernen und fein hacken. Äpfel vierteln, Kerngehäuse entfernen und würfeln. Knoblauch und Ingwer schälen und klein hacken.
2 Öl erhitzen, Knoblauch und Ingwer darin anbraten. Zucchini zufügen und ca. 5 Minuten dünsten. Koriandersamen im Mörser etwas zerdrücken und zufügen, mit Salz würzen. Chilis, Essig, Zucker und Äpfel zum Gemüse geben. Alles ca. 20 Minuten köcheln lassen, bis die Flüssigkeit fast verdampft ist.
3 Chutney in saubere, heiß ausgespülte Schraubgläser füllen und mit einem Deckel fest verschließen. Kühl und dunkel lagern. Das Zucchinichutney ist 2–3 Monate haltbar.

Tomatenketchup

für 2–3 kleine Flaschen à 250 ml

1 kg	Tomaten
3–4	Zwiebeln
1–2	Knoblauchzehen
100 ml	Weißweinessig
40–60 g	Zucker
	Salz
	Pfeffer
1 Msp.	Nelkenpulver
1 Msp.	frisch gemahlene Muskatnuss
1 Msp.	Cayennepfeffer oder Chilipulver

1 Tomaten heiß überbrühen, häuten, Stielansätze entfernen und klein würfeln. Zwiebeln und Knoblauch schälen und fein hacken.
2 Tomaten, Zwiebeln, Knoblauch und Essig aufkochen. Mit Zucker, Salz, Pfeffer, Nelkenpulver, Muskat und Cayennepfeffer oder Chilipulver abschmecken. Ca. 30 Minuten köcheln lassen.
3 Mit dem Stabmixer pürieren und heiß in die sauberen, heiß ausgespülten Flaschen füllen. Sofort verschließen.

Tipp:

Selbst gemachtes Ketchup ist um einiges gesünder als gekauftes, da es wesentlich weniger Zucker enthält. Wie viel Zucker man zufügt, kann jeder selbst entscheiden.

Zwiebelkuchen

Zwiebeln wachsen sehr langsam. Selbst wenn sie Ende März ausgesät werden, dauert es bis Ende August, bevor sie geerntet werden können. Wer nicht so viel Zeit hat, baut am besten Frühlings- oder Lauchzwiebeln an.

375 g	Mehl
20 g	Hefe
1	Prise Zucker
125 ml	lauwarme Milch
	Salz
25 ml	Öl
1	Ei
700 g	Zwiebeln
1–2	Knoblauchzehen
80 g	Räucherspeck ohne Schwarte
250 g	Quark
6 EL	kalte Milch
	Pfeffer
	Öl und Mehl für das Backblech
1 TL	Kümmel

1 Mehl in eine Schüssel sieben, in die Mitte eine Mulde drücken, Hefe hineinbröckeln und Zucker darüber verteilen. Etwas Milch zugießen und mit Hefe, Zucker und etwas Mehl vom Rand verrühren. Zugedeckt an einem warmen Ort ca. 15 Minuten gehen lassen.

2 Salz, Öl, Ei und restliche Milch zufügen. Teig mit den Knethaken des Handrührgerätes schlagen, bis ein geschmeidiger Teig entsteht. Zugedeckt ca. 20 Minuten gehen lassen.

3 Zwiebeln schälen und in feine Ringe schneiden. Knoblauch schälen. Speck würfeln. Quark mit Milch glatt rühren, Knoblauch durch die Presse dazudrücken, mit Salz und Pfeffer abschmecken.

4 Backofen auf 200 °C vorheizen. Hefeteig auf einem gefetteten und bemehlten Backblech ausrollen. Quarkmasse gleichmäßig auf dem Teig verstreichen, Zwiebeln, Speck und Kümmel darauf verteilen. Ca. 30 Minuten im Ofen backen.

Apfelkompott

1 Äpfel schälen, vierteln, Kerngehäuse entfernen und in Scheiben schneiden. In einen Topf geben, ca. 100 ml Wasser, Zimt und Zucker zufügen und alles aufkochen. Hitze reduzieren und köcheln lassen, bis die Äpfel weich sind. Je nach Apfelsorte dauert das 5–10 Minuten.

2 Apfelkompott in eine Schüssel füllen, Zimtstange entfernen und abkühlen lassen.

4–6	säuerliche Äpfel (z. B. Boskop oder Cox Orange)
½	Zimtstange
5–6 EL	Zucker

Apfelkuchen mit Walnüssen

1 Mehl in einer Schüssel mit 80 g Zucker und Salz mischen. In die Mitte eine Mulde drücken und das Ei hineinschlagen. 150 g Butterflöckchen darauf verteilen und mit den Händen rasch zu einem glatten Teig verarbeiten. Bei Bedarf 1 EL Milch zugeben. Teig in Alufolie gewickelt ca. 60 Minuten im Kühlschrank ruhen lassen.

2 Äpfel schälen, vierteln, Kerngehäuse entfernen und in dünne Spalten schneiden. Mit 20 g Zucker mischen. Rosinen heiß überbrühen und abtropfen lassen.

3 Backofen auf 180–190 °C vorheizen. Die Hälfte des Teigs auf einer bemehlten Arbeitsfläche auf die Größe der Springform ausrollen. Teigboden in die gefettete und bemehlte Form legen. Restlichen Teig zu dicken Rollen formen und am Rand der Springform andrücken.

4 Hälfte der Rosinen auf dem Teigboden verteilen. Äpfel einfüllen und restliche Rosinen darüberstreuen. Nüsse und restlichen Zucker darübergeben und übrige Butterflöckchen darauflegen. Im Ofen ca. 60 Minuten backen. Bei Bedarf den Apfelkuchen nach ca. 45 Minuten mit Alufolie bedecken.

250 g	Mehl
120 g	Zucker
1 Prise	Salz
1	Ei
180 g	kalte Butterflöckchen
1 kg	säuerliche Äpfel
50 g	Rosinen
	Mehl für die Arbeitsfläche
	Fett und Mehl für eine Springform von 28 cm Durchmesser
50 g	gehackte Walnüsse

Quarknocken mit Herbstkompott

Früchte, die früher reif werden, können vorübergehend eingefroren werden. So behalten sie ihre Vitamine. Birnen kann man – je nach Sorte – natürlich auch eine Weile gut in einem kühlen Keller lagern.

3	Eiweiße
150 g	Sahne
250 g	Quark
80 g	Zucker
1	Päckchen Vanillezucker
	Saft und Schale von ½ unbehandelten Zitrone
250 g	Holunderbeeren
250 g	Zwetschgen
1	große Birne
4	Gewürznelken
1	Zimtstange

1 Eiweiße und Sahne getrennt steif schlagen. Quark mit 30 g Zucker, Vanillezucker, etwas Zitronensaft und 1 TL geriebener Zitronenschale mischen. Sahne und Eischnee unterheben. Ein Sieb mit einem sauberen Tuch auslegen, Quarkmasse einfüllen und in eine Schüssel stellen. Im Kühlschrank ca. 4 Stunden abtropfen lassen.

2 Holunderbeeren waschen und Früchte mit einer Gabel vorsichtig von den Dolden streifen. Zwetschgen waschen, entsteinen und vierteln. Birne schälen, vierteln, vom Kernhaus befreien und in Würfel schneiden. Obst, ca. 125 ml Wasser, restlichen Zucker, Gewürznelken, Zimt und 1 Stück Zitronenschale aufkochen, ca. 20 Minuten bei geringer Hitze köcheln lassen.

3 Nelken, Zimt und Zitronenschale herausnehmen. Kompott auf Desserttellern anrichten. Trockene Quarkmasse mit zwei Esslöffeln zu Nocken formen, auf dem Kompott anrichten.

Tipp:

Holunderbeeren sollten stets gekocht gegessen werden, roh sind sie nur schwer verträglich.

Quittenparfait

Quitten sind sehr sauer und daher ungekocht nicht sehr begehrt, als Parfait jedoch schmecken sie hervorragend.

3	mittelgroße Quitten
	Öl für die Auflaufform
200 g	Butterkekse
100 g	Butter
4 EL	Zucker
2	Eier
	Schale von ½ unbehandelten Zitrone
2–3 EL	Grand Marnier
5	Blatt weiße Gelatine
250 g	Sahne
	einige Löffel Grand Marnier zum Garnieren

1 Backofen auf 200 °C vorheizen. Quitten putzen und waschen. In eine gefettete Auflaufform legen und im Ofen 15–20 Minuten weich braten. Abkühlen lassen.

2 Früchte aufschneiden und Fruchtfleisch herausheben, Stiel und Kerngehäuse entfernen. Fruchtfleisch mit einer Gabel zerdrücken. Butterkekse zwischen eine Alufolie legen und mit dem Nudelholz fein zerkrümeln. In eine Schüssel geben, warme Butter und 2 EL Zucker zugeben und alles zu einem Teig verarbeiten.

3 Eine Kastenform mit Backpapier auslegen. Die Hälfte des Butterteigs einfüllen und glatt streichen. Im Tiefkühlfach 25–30 Minuten kalt werden lassen.

4 Eier trennen. Eiweiße zu sehr steifem Schnee schlagen. Eigelbe, restlichen Zucker und Quittenmus verrühren. Zitronenschale und Grand Marnier zufügen. Gelatine nach Packungsangabe in kaltem Wasser einweichen, herausnehmen und ausdrücken. 5 EL Wasser aufkochen, Gelatine darin auflösen und unter das Quittenmus rühren. Sahne sehr steif schlagen. Sahne und Eischnee unter die Quittenmasse heben. In die Kastenform füllen und glatt streichen. Erneut 25–30 Minuten ins Tiefkühlfach stellen.

5 Restlichen Butterteig auf der Quittenmasse verteilen und glatt streichen. Über Nacht im Tiefkühlfach gefrieren lassen. Vor dem Servieren stürzen und Backpapier entfernen. Quittenparfait in 1–2 cm dicke Scheiben schneiden und nach Belieben mit Grand Marnier beträufelt servieren.

Pflaumenklöße

Beim Kauf von Pflaumen sollte man auf die natürliche Wachsschicht achten. Frische Früchte sind mit einem zartweißen Duftfilm überzogen, den man erst kurz vor der Zubereitung abwaschen sollte, denn er schützt die Pflaumen vor dem Austrocknen und macht sie länger haltbar.

1 kg	mehlig kochende Kartoffeln
	Salz
ca. 100 g	Mehl
1–2	Eier
1 kg	Pflaumen
	Würfelzucker
80 g	Butter
150 g	Paniermehl
2 EL	Zucker
½–1 TL	Zimt

1 Kartoffeln waschen und in Salzwasser ca. 20 Minuten garen. Pellen und noch heiß durch die Kartoffelpresse drücken, abkühlen lassen.

2 100 g Mehl und 1 Prise Salz unter die Kartoffeln mischen. Eier verquirlen, zugeben und rasch zu einem Teig verarbeiten. Bei Bedarf weiteres Mehl zufügen.

3 Pflaumen waschen und entkernen. Jeweils mit 1 Stück Würfelzucker füllen und zusammenklappen. Pflaumen dünn in Kartoffelteig hüllen und zu Klößen formen.

4 Klöße in reichlich Salzwasser ca. 5 Minuten leise ziehen, aber nicht mehr kochen lassen. Mit einem Schaumlöffel herausheben, abtropfen lassen.

5 Butter in einer Pfanne erhitzen, Paniermehl darin unter Rühren goldbraun rösten. Zucker und Zimt mischen. Klöße in Paniermehl wenden und mit Zimtzucker bestreuen.

Tipp:

Dieses Gericht eignet sich nur für frische Pflaumen! Eingemachte oder eingefrorene Pflaumen sind zu weich und vor allem zu saftig.

Birnentorte

180 g	Zucker
	etwas Zitronensaft
1 kg	Birnen
4	Eier
100 g	Mehl
1 Msp.	Backpulver
	Fett und Mehl für eine Springform von 28 cm Durchmesser
2	Blatt Gelatine
1	Päckchen Vanillepuddingpulver
400 g	Sahne
50 g	gehackte Haselnüsse

1 500 ml Wasser mit 80 g Zucker und etwas Zitronensaft aufkochen.

2 Birnen schälen, halbieren, Stiel und Kerngehäuse entfernen. Früchte sofort in den kochenden Sud geben, Hitze reduzieren und zugedeckt ziehen lassen, bis die Birnenhälften weich sind, aber nicht zerfallen. Gut abtropfen lassen. Sud beiseite stellen und abkühlen lassen.

3 Backofen auf 200 °C vorheizen. Für den Biskuitteig Eier trennen. Eiweiße mit einem Teil des restlichen Zuckers zu steifem Schnee schlagen.

4 Aus Eigelben und übrigem Zucker eine Schaummasse rühren. Eischnee, gesiebtes Mehl und Backpulver zugeben und vorsichtig unterheben.

5 Teig in eine gefettete und bemehlte Springform geben und auf mittlerer Schiene im Backofen ca. 40–50 Minuten backen. Fertigen Biskuitboden abkühlen lassen.

6 Gelatine ca. 5 Minuten in kaltem Wasser quellen lassen und ausdrücken. Aus Vanillepuddingpulver und Birnensud nach Packungsangabe (ohne Zugabe des Zuckers) Pudding kochen. Gelatine darin auflösen und in einem kalten Wasserbad unter Rühren abkühlen lassen.

7 Sahne sehr steif schlagen und unter die Puddingmasse ziehen. Birnen auf den Biskuitboden legen, Puddingsahne darauf verteilen und glatt streichen.

8 Nüsse in einer trockenen Pfanne hellgelb rösten, abkühlen lassen und auf der Birnentorte verteilen.

Rumtopf, Likör und Wein

Eine weitere leckere Art, Obst haltbar zu machen, ist das Konservieren mit beziehungsweise in Alkohol. Entscheidend für das Gelingen ist hier der Alkoholgehalt, der mindestens 50 % betragen sollte. Bei Bedarf kann man etwas reinen Alkohol (96 %, in der Apotheke erhältlich) zufügen, damit sich keine Keime mehr bilden können. In den klassischen Rumtopf kommen über den Sommer immer wieder neue Früchte, Zucker und brauner Rum: angefangen mit Erdbeeren und Kirschen bis hin zu Pflaumen und Brombeeren. Anschließend muss der Rumtopf bis zum Advent kühl und dunkel stehen, bevor er um die Weihnachtszeit endlich probiert werden darf. Meist wird er in großen Gefäßen aus Steingut, am besten mit Deckel, angesetzt. Praktisch ist es aber auch, die Früchte in kleineren Gläsern einzulegen. Diese können einfacher gelagert werden. Allerdings lassen sich auch aus Früchten, die etwa zur gleichen Zeit reif werden, raffinierte Rumtöpfe kreieren:

Frühsommer-Rumtopf

300 g Erdbeeren
300 g Kirschen
300 g rote Johannisbeeren
400 g weißer Kandiszucker
1 l weißer Rum

1 Früchte waschen und abtropfen lassen. Erdbeeren putzen, große Früchte halbieren. Kirschen entsteinen und Johannisbeeren mit einer Gabel vorsichtig von den Rispen streifen.
2 Früchte und Kandiszucker abwechselnd in ein, zwei oder drei (je nach Größe) sehr saubere, heiß ausgespülte Gläser schichten und mehrere Stunden, am besten über Nacht, stehen lassen, bis sich der Zucker aufgelöst hat.
3 Früchte vollständig mit Rum bedecken. Falls sie schwimmen, mit einem sauberen Teller beschweren. Gläser fest verschließen und kühl lagern. Nach ca. 6 Wochen ist der Rumtopf fertig.

Birnen mit Geist

ergibt 1 l

1 kg reife Birnen
½ Vanilleschote
350 g Zucker
1 l Birnen-Obstbrand

1 Birnen schälen, vierteln, Kerngehäuse entfernen und in Scheiben schneiden. Vanilleschote in 2–3 Stücke teilen (je nach Gläserzahl) und mit den Birnen in saubere, heiß ausgespülte Gläser geben.
2 Zucker im Obstbrand durch Rühren ganz auflösen. Früchte mit der Mischung bedecken und Gläser fest verschließen.

Aber nicht nur in Hochprozentiges eingelegt lässt sich Obst schmackhaft verarbeiten, auch Liköre kann man aus Früchten selbst herstellen. Im Gegensatz zu Rumtöpfen enthalten Liköre weniger Alkohol – zwischen 15 und 40 % –, dafür aber oft mehr Zucker.

Himbeerlikör

ergibt 1,5 l

500 g	reife Himbeeren
300 g	Zucker
750 ml	Wodka (mindestens 50 % Alkohol)

1 Himbeeren verlesen, kurz waschen und gut abtropfen lassen. Beeren gleichmäßig auf die sauberen Flaschen verteilen.

2 Zucker mit 750 ml Wasser aufkochen. Zuckerwasser über die Himbeeren gießen und mit Wodka auffüllen. Flaschen fest verschließen und 2–3 Wochen an einen kühlen Ort stellen. Während dieser Zeit müssen die Flaschen 1–2-mal täglich geschüttelt werden.

3 Likör durch ein frisches Tuch abgießen und in saubere Flaschen füllen.

Brombeerlikör

ergibt 2 l

1 kg	Brombeeren
250 g	Zucker
½	Vanilleschote
½	Zimtstange
1 l	Rum (mindestens 50 %)

1 Brombeeren verlesen, kurz waschen, mit 1 l Wasser und Zucker aufkochen. Vanilleschote längs einschneiden und mit der Zimtstange in den Topf geben. Alles ca. 30 Minuten köcheln und anschließend abkühlen lassen.

2 Die Flüssigkeit durch ein sauberes Tuch abgießen. Rum zufügen und alles in Flaschen füllen. Mindestens 2 Wochen ruhen lassen.

Auch Obstweine lassen sich sehr einfach selbst herstellen. Um aus Weintrauben Wein zu gewinnen, setzt man spezielle Hefen und Milch- oder Zitronensäure zu. Für Johannisbeer- oder Stachelbeerwein dagegen benötigt man neben den Beeren noch Wasser, Zucker und einen Gärballon. Im Gegensatz zu Rumtopf oder Likör wird das Obst hier nicht mit Schnaps oder Rum angesetzt, sondern vergärt mit Zucker zu Alkohol. Der Wein sollte mindestens 8 % Alkohol entwickeln, da er sonst nicht haltbar ist. Zur Weinherstellung sollte man aus diesem Grund auch nur sehr reife, süße Beeren verwenden.
Zum Abfüllen eignen sich Bierflaschen mit Bügelverschluss sehr gut, da der Wein durch das dunkle Glas zusätzlich vor Lichteinfall geschützt ist und so seine schöne Farbe behält. Bügelflaschen sind zudem sehr einfach zu verschließen. Aber natürlich können auch Korken oder Verschlüsse aus Gummi verwendet werden.

Johannisbeerwein

ergibt ca. 12 Halbliterflaschen

12 kg	rote Johannisbeeren
5 kg	Zucker

1 Johannisbeeren mit einer Gabel von den Rispen streifen, waschen und in einen sauberen Gärballon füllen. Zucker zugeben und mit ca. 5 l Wasser aufgießen. Gefäß mit einem passenden Korken mit Gärrohr verschließen, Wasser in das Gärrohr füllen und 2–3 Wochen an einen warmen
Ort stellen, damit die Gärung beginnt. Anschließend für ca. 2 Monate an einem kühlen Ort lagern, bis die Gärung abgeschlossen ist.

2 Sieb mit einem frischen Tuch auslegen, über ein großes Gefäß hängen und den Wein, am besten durch ein dünnes Plastikrohr, abgießen. In saubere Flaschen umfüllen und fest verschließen. Johannisbeerwein kühl und dunkel lagern.

Winter

Köstliches für die kalte Jahreszeit

Salate	130–131
Suppen	132–133
Hauptgerichte	134–149
Desserts	150–155

Säuern und salzen

Das Einsalzen ist wie das Trocknen eine jahrhundertealte Form des Haltbarmachens. Eingesalzen wurden und werden vor allem Fisch und Fleisch, aber auch Pilze. Dazu reibt man die Pilze mit Küchenkrepp oder einem Pinsel ab und schneidet Sie in 2–3 Millimeter dicke Scheiben. Zuerst gibt man dann eine mindestens handbreite Schicht einfaches Kochsalz in ein sauberes Ton- bzw. Keramikgefäß oder in ein großes Einmachglas, darauf schichtet man eine dünne Lage Pilze, dann wieder Salz. Dies führt man fort, bis das Gefäß voll ist. Verschließen Sie das Gefäß und bewahren Sie es am besten im Keller auf. Bevor die Pilze gekocht werden, sollte man sie gut waschen.
Damit das Einsalzen auch funktioniert, ist es wichtig, die Pilze an einem trockenen Tag zu sammeln, damit sie nicht feucht oder matschig sind. So ist die Wahrscheinlichkeit, dass sie zu schimmeln oder faulen beginnen, deutlich geringer. Neben Pilzen eignen sich auch Kräuter hervorragend zum Einsalzen.

10 kg	Weißkohl
200 g	Salz

Sauerkraut selbst gemacht

Da Einsalzen alleine nicht bei jedem Lebensmittel den gewünschten Erfolg hat, können auch verschiedene Verfahren zum Lagern kombiniert werden. So etwa bei der Milchsäuregärung, bei der Salz und Säure zur Haltbarmachung genutzt werden. Am bekanntesten ist hier wohl das Sauerkraut. Man benötigt einen großen Steinguttopf oder ein Holzfässchen und natürlich Weißkraut sowie Salz. Wer möchte, kann gleich auch noch Lorbeerblätter, Wacholderbeeren und Kümmel zufügen. Und so wird's gemacht:

1 Weißkohl putzen, vierteln, Strunk entfernen. Einige Blätter beiseite legen, Rest fein hobeln. Etwas Kohl einschichten, etwas Salz darübergeben und nach Belieben Gewürze. Das Ganze mit einem Kartoffelstampfer so lange stampfen, bis der entstehende Saft den Kohl überdeckt. So fortfahren, bis alle Zutaten verbraucht sind.

2 Die letzte Schicht mit Kohlblättern bedecken. Über die Gefäßöffnung ein sauberes Küchentuch, darauf einen Teller in Größe der Öffnung des Gärgefäßes legen und beschweren. Gärgefäß an einen kühlen Ort stellen. Die Gärung dauert 4–6 Wochen.

Auf diese Art kann auch Rotkohl verarbeitet werden. Als Geschmackszutaten passen hier Apfelscheiben und Zucker.

Knackiger Feldsalat mit Birne

Einige Birnensorten wie beispielsweise Williams Christ sollten nach der Ernte mehrere Wochen in einem kühlen Keller gelagert werden, denn erst in dieser Zeit entwickeln sie ihr volles Aroma. Birnen sind sehr gesund: Neben Vitamin B und C enthalten sie auch Pektine.

150 g	Feldsalat
1	Stange Staudensellerie
2	Birnen
2–3 EL	frisch gepresster Zitronensaft
50 g	Walnusskerne
50 g	Mayonnaise
100 g	Joghurt (s. S. 36/37)
	Salz
	Pfeffer
1 EL	Honig

1 Salat verlesen, waschen und trocken schleudern. Sellerie waschen, putzen und schräg in ca. 5 mm dicke Scheiben schneiden. Birnen waschen, vierteln, Kerngehäuse entfernen, in 3–4 mm dicke Spalten schneiden und sofort mit ca. 1 EL Zitronensaft beträufeln. Nüsse grob hacken.

2 Für das Dressing Mayonnaise und Joghurt vermischen. Mit Salz, Pfeffer, restlichem Zitronensaft und Honig abschmecken.

3 Salat und Sellerie auf 4 Tellern anrichten, Birnen fächerartig darauf verteilen und Nüsse darüberstreuen. Mit Dressing beträufeln und servieren.

Chicoréesalat mit Mandarinen und Nüssen

Um im Dezember frischen Chicorée ernten zu können, müssen die Pflanzen Mitte bis Ende Oktober ausgegraben werden, wenn Temperaturen zwischen 7 und 14 Grad herrschen. Am besten lässt man sie noch ein paar Tage draußen liegen, schneidet dann das Grün ab und setzt die Pflanzen ganz dicht aneinander in eine Kiste mit Erde. Nun wird die Kiste mit einer lichtundurchlässigen Folie abgedeckt. Die Pflänzchen müssen leicht feucht gehalten werden, damit keine Staunässe entsteht. Nach 5–6 Wochen ist der Chicorée erntereif. Moderne Sorten treiben auch ohne Abdeckung hellgelb aus.

500 g	Chicorée
5	kernlose Mandarinen
50 g	Haselnusskerne
200 g	Naturjoghurt (s. S. 36/37)
2–3 EL	Sahne
2–3 EL	Zitronensaft
	Salz
	Zucker
1 Prise	Cayennepfeffer

1 Chicorée putzen, waschen, halbieren, bitteren Kern entfernen und in ca. 3 mm dicke Streifen schneiden. Mandarinen schälen und in Spalten trennen. Nüsse grob hacken. Alle Zutaten auf 4 Teller verteilen.

2 Für das Dressing Joghurt, Sahne und Zitronensaft vermischen, mit Salz, Zucker und Cayennepfeffer abschmecken. Dressing über den Salat träufeln.

Weißkohlsuppe

1 kg	Weißkohl
500 g	Kartoffeln
1	Kohlrabi
250 g	Räucherspeck ohne Schwarte
1	Zwiebel
2 l	Fleischbrühe
	Salz
	Pfeffer

1 Vom Weißkohl die äußeren Blätter entfernen. Weißkohl waschen, vierteln und Strunk entfernen. In 2–3 cm breite Streifen schneiden. Kartoffeln und Kohlrabi schälen und in mundgerechte Würfel schneiden. Räucherspeck in nicht zu kleine Würfel schneiden. Zwiebel schälen und fein hacken.

2 Speck in einem großen Topf ohne Fett anbraten, Zwiebeln zufügen und goldgelb anbraten. Kartoffeln, Weißkohl und Kohlrabi zugeben, mit Brühe ablöschen und zugedeckt ca. 90 Minuten bei geringer Hitze garen. Weißkohlsuppe mit Salz und Pfeffer abschmecken. Mit Brot servieren.

Kartoffelsuppe mit Würstchen

Frischer Schnittlauch im Winter? Kein Problem! Dazu sticht man im Spätherbst, nach den ersten Nachtfrösten, einfach ein Stück der zurückgeschnittenen Schnittlauchpflanze ab und setzt sie in einen Blumentopf. Bei Zimmertemperatur treibt sie schnell wieder aus. Das funktioniert übrigens auch mit Petersilie.

2	Bund Suppengrün
30 g	geräucherter Speck ohne Schwarte
600 g	mehlig kochende Kartoffeln
2–3	Karotten
1,25 l	Gemüsebrühe (s. S. 105)
	Salz
	weißer Pfeffer
	frisch geriebene Muskatnuss
1 TL	getrockneter Majoran
6	Wiener Würstchen
2 EL	Sahne
½	Bund Schnittlauch

1 Suppengrün putzen, waschen und klein würfeln. Speck in kleine Würfel schneiden. Kartoffeln und Karotten schälen und würfeln.

2 Speck bei mittlerer Hitze unter Rühren glasig anbraten. Suppengrün zugeben und einige Minuten andünsten. Kartoffeln und Karotten zufügen und kurz mitdünsten. Brühe zugießen und aufkochen, mit Salz, Pfeffer, Muskatnuss sowie Majoran würzen und zugedeckt bei mittlerer Hitze in ca. 20 Minuten gar kochen.

3 Würstchen in ca. 2 cm dicke Scheiben schneiden. Suppe mit dem Stabmixer pürieren. Würstchen und Sahne in die Suppe rühren, nochmals erhitzen. Schnittlauch waschen, trocken schleudern und in Röllchen schneiden. Vor dem Servieren über die Kartoffelsuppe streuen.

Eisbein auf Sauerkraut

1	Zwiebel
30 ml	Öl
1 kg	Sauerkraut (s. S. 129)
6–8	Wacholderbeeren
2	Lorbeerblätter
¼ TL	Kümmel
500 ml	Fleischbrühe (s. S. 94)
125 ml	Apfelsaft
1	großes Eisbein

1. Zwiebel schälen und fein hacken. Öl in einem großen Topf erhitzen, Zwiebeln zufügen und andünsten. Sauerkraut zugeben und kurz mitdünsten. Wacholderbeeren, Lorbeerblätter und Kümmel zufügen, knapp 500 ml Fleischbrühe und Apfelsaft zugießen und aufkochen.
2. Fleisch waschen und auf das Kraut legen. Zugedeckt bei geringer Hitze ca. 2–2 ½ Stunden (je nach Größe) schmoren. Bei Bedarf noch etwas heißes Wasser zugießen.
3. Eisbein herausnehmen, in Portionsstücke schneiden und mit Sauerkraut servieren.

Tipp:

Das Fleisch ist fertig, wenn es sich leicht vom Knochen lösen lässt.

Brot backen

Zum Brotbacken eignet sich am besten frisch gemahlenes Mehl. Es enthält einen höheren Anteil an Nährstoffen, da die verschiedenen Vitamine, Spurenelemente und Mineralstoffe, die zum Teil schon kurze Zeit nach dem Mahlen verloren gehen, noch enthalten sind. Außerdem sind bei frisch gemahlenen Körnern die nährstoffreichen Randschichten noch enthalten. Wer nur gelegentlich selbst Brot backen oder das Getreide für sein Vollkornmüsli frisch schroten möchte, dem reicht in der Regel eine Handmühle. Mahlen Sie Ihr Getreide allerdings regelmäßig frisch, dann empfiehlt es sich, eine elektrische Mühle anzuschaffen. Da das Angebot riesig ist und auch große Unterschiede bestehen, sollte man sich beim Kauf beraten lassen.

Für alle, die ihr Brot ohne großen Aufwand regelmäßig selbst backen möchten, lohnt sich die Investition in einen vollautomatischen Brotbackautomaten. Man füllt alle Zutaten ein, programmiert das Gerät und ein paar Stunden später ist das Brot fertig. Auch hier gibt es große Unterschiede in Qualität und Preis, sodass sich ein Vergleich lohnt.

Sauerteigbrot

Für den Ansatz:	
110 g	Weizenvollkornmehl
Zum Auffrischen:	
440 g	Weizenvollkornmehl
Für das Brot:	
	Sauerteig
1 ½ TL	Salz
440–550 g	Weizenvollkornmehl
125 ml	Sonnenblumenöl
	Öl für das Backblech und zum Bestreichen

1 Für den Ansatz Mehl mit knapp 250 ml Wasser in einer Plastikschüssel (keine Metallschüssel verwenden!) verrühren. Mit einem sauberen Küchentuch abdecken und 2–5 Tage ruhen lassen. Wenn der Teig sauer riecht und Blasen wirft, ist der Ansatz fertig.

2 Den Ansatz einen Tag vor dem Brotbacken auffrischen. Dazu Sauerteigansatz mit Mehl vermischen, nach und nach ca. 500 ml Wasser unterrühren, bis ein zähflüssiger Teig entsteht. Sauerteig zugedeckt über Nacht an einem warmen Ort ruhen lassen.

3 Ca. 110 g Sauerteig abnehmen und für das nächste Brot im Kühlschrank oder Gefrierfach aufbewahren.

4 Für das Brot Sauerteig, Salz, 440 g Mehl und Öl verkneten, bis sich der Teig von der Schüssel löst. Auf eine bemehlte Arbeitsfläche legen und mit bemehlten Händen ca. 10 Minuten weiterkneten. Ist der Teig zu klebrig, noch etwas Mehl zugeben, ist er zu fest, noch etwas Wasser unterkneten.

5 Backblech einfetten. Aus dem Teig einen Laib formen und daraufsetztten. Die Oberfläche mit einem scharfen Messer etwas einritzen. Mit einem sauberen Tuch bedecken und ca. 2 Stunden gehen lassen.

6 Backofen auf 240 °C vorheizen. Brotlaib mit Öl bestreichen und ca. 10 Minuten backen. Hitze auf 200 °C reduzieren und Brot weitere 40–60 Minuten backen. Für die Garprobe mit einem Messer in das Brot stechen: Bleibt kein Teig mehr am Messer haften, ist der Laib fertig. Vor dem Anschneiden mindestens 30 Minuten auskühlen lassen.

5-Minuten-Brot

1	Würfel Hefe
500 g	Dinkelvollkornmehl
50 g	Sonnenblumenkerne, Leinsamen oder Sesam
2 TL	Salz
2 EL	Obstessig oder Brottrunk
	Öl für die Kastenform

1 Hefe in 500 ml warmem Wasser auflösen. Mehl zufügen und alles gut durchkneten. Körner, Salz und Obstessig bzw. Brottrunk einarbeiten.

2 Teig in eine gefettete Kastenform geben und ca. 60 Minuten im Backofen bei 200 °C backen. Backofen nicht vorheizen!

3 Dinkelbrot aus dem Ofen nehmen, ca. 5 Minuten in der Form lassen, dann herausnehmen und abkühlen lassen.

Chicorée mit Schinken

1 kg	Chicorée
	Salz
30 g	Butter
40 g	Mehl
250 ml	Fleisch- oder Gemüsebrühe (s. S. 94 und 105)
125 g	Sahne
2	Eier
	Pfeffer
1 Prise	Cayennepfeffer
	Paprikapulver, edelsüß
250 g	Kochschinken
	Butter für die Auflaufform
60–80 g	Emmentaler

1 Chicorée waschen, putzen, längs halbieren und bitteren Kern entfernen. Salzwasser in einem großen Topf zum Kochen bringen und Gemüse in 5–10 Minuten nicht zu weich garen. Backofen auf 180 °C vorheizen.

2 Butter in einem Topf erhitzen, Mehl einstäuben und unter ständigem Rühren kurz anbraten, dann Brühe und Sahne zugießen. Sauce einige Minuten reduzieren lassen. Eier trennen. Eiweiß steif schlagen. Topf vom Herd nehmen, Eigelbe einrühren und Eischnee unterziehen. Sauce mit Salz, Pfeffer, Cayennepfeffer und etwas Paprika kräftig abschmecken.

3 Chicorée abgießen, gut abtropfen lassen, mit Schinken umwickeln und in die gefettete Auflaufform legen. Sauce darübergießen und Käse darauf verteilen. Im Ofen 25–30 Minuten überbacken.

Steckrübenmus

Die Steckrübe, auch Kohlrübe genannt, stellt keine großen Ansprüche. Sie wird im Juni direkt ins Freiland gesät. Ein Boden mit Komposterde als Dünger reicht völlig. Ab Oktober kann man dann die ersten Rüben ernten. Steckrüben, die eingelagert werden, sollten erst im November geerntet werden. Sie vertragen leichten Frost, dadurch wird ihr Geschmack noch süßer. Starken Dauerfrost halten sie allerdings nicht aus.

(für 6 Personen)

1,5 kg	Steckrüben
700 g	Kartoffeln
300 g	Karotten
1 l	Fleischbrühe (s. S. 94)
3	Zwiebeln
100 g	geräucherter Speck ohne Schwarte
2–3 EL	Öl
	Salz
	Pfeffer

1 Steckrüben, Kartoffeln und Karotten putzen, schälen und in mundgerechte Stücke schneiden. Gemüse mit der Fleischbrühe aufkochen, Hitze reduzieren und zugedeckt ca. 45 Minuten köcheln lassen.

2 Zwiebeln schälen und hacken. Speck würfeln. Öl in einer Pfanne erhitzen, Zwiebeln und Speck darin goldbraun anbraten.

3 Gemüse mit einem Kartoffelstampfer leicht zerdrücken, mit Salz und Pfeffer abschmecken. Steckrübenmus in tiefe Teller geben und mit Speck-Zwiebeln garniert servieren.

Gemüseeintopf mit Nudeln

Wenn die Stangenbohnen schon zu dick sind und Fäden ziehen, ist es am besten, sie einfach hängen zu lassen, bis das Fruchtfleisch vertrocknet ist. Die Schoten brauchen dann nur noch geöffnet und die getrockneten Bohnenkerne herausgenommen zu werden. Hülsenfrüchte – zu denen auch die Bohnenkerne zählen – schmecken nicht nur gut, sondern sind auch sehr gesund, sie liefern besonders viel Kalium und Eisen.

150 g	getrocknete weiße Bohnenkerne
1	Zwiebel
1	Knoblauchzehe
2 EL	Öl
1	Karotte
1	Pastinake
1–2	Kartoffeln
1	kleiner Zucchino
1	Stange Staudensellerie
1	kleine Stange Lauch
	Salz
1 TL	getrockneter Oregano
½ TL	Paprikapulver, edelsüß
3	Tomaten
100 g	Hörnchennudeln

1 Bohnenkerne über Nacht in Wasser einweichen, durch ein Sieb abgießen. Zwiebel und Knoblauchzehe schälen und fein hacken. Öl in einem großen Topf erhitzen, beides darin anbraten. Bohnen und knapp 1,5 l Wasser zufügen, aufkochen und ca. 45 Minuten zugedeckt köcheln lassen.

2 Karotte, Pastinake und Kartoffeln schälen und in ca. 2 cm große Würfel schneiden. Zucchino waschen, Enden abschneiden und würfeln. Sellerie und Lauch putzen, waschen und schräg in Scheiben schneiden. Gemüse zu den Bohnen geben, Salz, Oregano und Paprika zufügen und alles zugedeckt weitere 15 Minuten köcheln lassen.

3 Tomaten waschen, heiß überbrühen, häuten und klein würfeln, mit den Nudeln in die Suppe geben und noch ca. 10 Minuten kochen lassen. Gemüsesuppe mit Salz und Pfeffer abschmecken.

Pastinaken in Sahnesauce

Pastinaken sind winterhart und entfalten ihren süßlichen, petersilienwurzelähnlichen Geschmack erst nach dem ersten Frost. Die weiße Wurzel sieht aus wie ein schlanker, langer, spitzer Rettich.

500 g	Pastinaken
	Salz
250 g	Lauch
2 EL	Öl
200 g	Sahne
½	Bund Petersilie
	frisch abgeriebene Muskatnuss
	Pfeffer

1 Pastinaken putzen, schälen und in Scheiben schneiden. Mit etwas Salzwasser aufkochen und in 5–10 Minuten bissfest garen.
2 Lauch putzen, gründlich waschen und in feine Ringe schneiden.
3 Öl in einem Topf erhitzen und Lauch darin andünsten. Sahne zugeben und ca. 5 Minuten köcheln lassen.
4 Petersilie waschen, trocken schleudern und Blättchen fein hacken. Pastinaken zum Lauch geben und alles mit Muskatnuss, Pfeffer und Salz abschmecken. Mit Petersilie bestreuen und servieren.

Sauerkrautspätzle

Gerade im Winter ist Sauerkraut ein wichtiger Vitamin-C-Lieferant, der des Öfteren auf den Tisch kommen sollte. Am besten schmeckt es natürlich selbst gemacht.

1	Zwiebel
1	Apfel
5–6 EL	Öl
500 g	Sauerkraut (s. S. 129)
	einige Wacholderbeeren
2	Lorbeerblätter
500 g	Mehl
5	Eier
	Salz
	Pfeffer
250 g	geräucherter Speck in dicken Scheiben

1 Zwiebel schälen und fein hacken. Apfel schälen, vierteln, Kerngehäuse entfernen und klein würfeln. 2–3 EL Öl erhitzen und Zwiebeln darin andünsten, Äpfel zugeben und kurz mitdünsten. Sauerkraut, Wacholderbeeren und Lorbeerblätter zufügen, knapp 500 ml Wasser angießen und aufkochen. Sauerkraut ca. 60 Minuten köcheln lassen.

2 Für die Spätzle Mehl in eine Schüssel sieben. Eier hineinschlagen, Salz zufügen und ca. 250 ml Wasser unterrühren, bis ein zähflüssiger Teig entsteht. So lange kräftig schlagen, bis er Blasen wirft.

3 Reichlich Salzwasser in einem weiten Topf erhitzen. Teig portionsweise durch einen Spätzlehobel in das siedende Wasser streichen. Wenn die Spätzle oben schwimmen, mit einer Schaumkelle herausheben und abtropfen lassen.

4 Speck in dünne Streifen schneiden. Restliches Öl in einer Pfanne erhitzen und Speck darin unter Rühren leicht anbraten. Spätzle zufügen und kurz mitbraten. Sauerkraut mit wenig Sauerkrautflüssigkeit zugeben und unterheben. Nach Belieben mit Salz und Pfeffer abschmecken.

Ente mit Apfelfüllung und Rotkohl

1	küchenfertige Ente (ca. 1,6 kg)
	Salz
	frisch gemahlener Pfeffer
6	säuerliche Äpfel (z. B. Boskop)
4	Zwiebeln
2	Stängel Thymian
30 g	Butter
50 g	gemahlene Mandeln
500 ml	Geflügelbrühe (s. S. 20)
1	Kopf Rotkohl (ca. 800 g)
3	Nelken
3 EL	Öl
1 EL	Zucker
4 EL	Essig
100 g	Crème fraîche

1 Ente innen und außen gut waschen, trocken tupfen, mit Salz und Pfeffer einreiben.

2 3 Äpfel schälen, vierteln, Kerngehäuse entfernen und grob würfeln. 2 Zwiebeln schälen, halbieren und in breite Streifen schneiden. Thymian waschen, trocken tupfen, Blättchen von den Stängeln zupfen und fein hacken.

3 Backofen auf 180 °C vorheizen. Butter in einer Pfanne erhitzen. Äpfel, Zwiebeln und Thymian darin bei mittlerer Hitze anbraten. Mandeln zufügen und kurz mitbraten, salzen und pfeffern. Vom Herd nehmen und etwas abkühlen lassen. Ente mit der Apfelmasse füllen und mit Küchengarn verschließen.

4 Ente in einen Bräter legen, Brühe zugießen und im Backofen auf mittlerer Schiene ca. 2 Stunden garen. Ente immer wieder mit Bratflüssigkeit begießen.

5 Für das Rotkraut Kohl putzen, Strunk entfernen, waschen und hobeln. Restliche Zwiebeln schälen, eine Zwiebel mit Nelken spicken, andere Zwiebel fein würfeln. Restliche Äpfel waschen, schälen, vierteln, Kerngehäuse entfernen und in Scheiben schneiden.

6 Öl in einem Topf erhitzen, Zucker darin karamellisieren, Zwiebelwürfel, Äpfel und Kohl zugeben, andünsten und etwas Essig zugießen, damit das Kraut seine Farbe behält. Mit Salz würzen. 250 ml Wasser zugießen, gespickte Zwiebel zugeben und in ca. 1 Stunde bei mittlerer Hitze gar dünsten. Bei Bedarf etwas Wasser zugießen.

7 Ente aus dem Ofen nehmen und kurz ruhen lassen. Bratenfond auf dem Herd aufkochen, Crème fraîche unterrühren, etwas reduzieren lassen und nochmals mit Salz und Pfeffer abschmecken. Küchengarn entfernen und Ente in Portionsstücke teilen. Auf einer vorgewärmten Platte anrichten und mit Sauce und Rotkohl servieren.

Grünkohl mit Pinkel

Grünkohl gehört neben Lauch und Rosenkohl zu den wenigen Gemüsesorten, die absolut winterhart sind. Um seinen typischen Geschmack zu entfalten, braucht er sogar Frost. Grünkohl ist reich an Vitaminen, Ballaststoffen und Mineralien – besonders Kalzium.

2 kg	Grünkohl
4	Zwiebeln
4 EL	Öl
400 g	Kasseler
1	Scheibe Bauchspeck
	Salz
	Pfeffer
	Zucker
2–3	Kochwürste
2 EL	Hafergrütze
2–3	Pinkel (Wurst aus Speck, Hafergrütze, Rindertalg, Schweineschmalz und Gewürzen)

1 Kohl putzen, waschen und gut abtropfen lassen. Zwiebeln schälen und hacken.

2 Öl in einem großen Topf erhitzen, Kassler und Bauchspeck darin von allen Seiten anbraten. Zwiebeln zufügen und goldgelb anbraten. Fleisch herausnehmen und Kohl im Topf dünsten. 750 ml Wasser zufügen, mit Salz, Pfeffer und Zucker herzhaft abschmecken. Fleisch, Bauchspeck und Kochwürste auf den Kohl legen. Zugedeckt bei niedriger Hitze unter gelegentlichem Umrühren ca. 90 Minuten köcheln lassen. Bei Bedarf Wasser zugießen.

3 Fleisch und Würste herausnehmen und Grütze über den Kohl streuen. Kochwürste und Pinkel wieder in den Topf geben und alles ca. 30 Minuten weitergaren.

4 Fleisch zufügen und ca. 30 Minuten weiter köcheln lassen. Vor dem Servieren mit Salz, Pfeffer und Zucker abschmecken.

Karpfenfilet mit Meerrettichsauce

Die Meerrettichwurzel ist sehr gesund, sie hat unter anderem eine antibakterielle Wirkung, einen hohen Vitamin-C-Gehalt und hilft damit gegen Erkältungen. Meerrettich braucht einen eher sonnigen Standort und kann von September bis April geerntet werden. Die Wurzeln müssen möglichst vollständig ausgegraben werden, da sonst im nächsten Jahr aus jedem Rest eine neue Pflanze wächst. Aufbewahrt werden kann Meerrettich wie Spargel, ungeschält in ein feuchtes Tuch gewickelt und im Gemüsefach des Kühlschranks gelagert. So bleibt er mehrere Wochen frisch!

4	Karpfenfilets
	Salz
	weißer Pfeffer
4 EL	Mehl
1	dicke Scheibe frisches Weißbrot
250 ml	Fleischbrühe (s. S. 94)
1	Lorbeerblatt
	Saft und Schale von 1 unbehandelten Zitrone
125 g	Sahne
½	Stange frisch geriebener Meerrettich
	frisch geriebene Muskatnuss
4 EL	Öl

1 Fischfilets waschen, trocken tupfen, salzen, pfeffern und in Mehl wenden.

2 Weißbrot entrinden und in die Fleischbrühe legen. Brühe, Lorbeerblatt und Zitronenschale in einem Topf aufkochen. Sahne zufügen und bei niedriger Hitze so lange einkochen lassen, bis die Sauce eindickt.

3 Zitronenschale und Lorbeerblatt herausnehmen. Meerrettich zugeben und Sauce mit Zitronensaft, Salz, Pfeffer und Muskat abschmecken.

4 Öl in einer Pfanne erhitzen. Karpfenfilets nacheinander von beiden Seiten 8–10 Minuten anbraten (die fertigen Fischfilets eventuell im Backofen warm halten). Mit Meerrettichsauce servieren.

Reisauflauf mit Trockenfrüchten

Dieser Reisauflauf lässt sich je nach Angebot variieren und problemlos auch mit frischem Obst, etwa Äpfeln, zubereiten. Dafür 4 große Äpfel schälen, vierteln, Kerngehäuse entfernen und in Scheiben schneiden. Apfelstücke mit 40 Gramm Zucker und Wasser in 3–5 Minuten weich kochen. Die Hälfte der Reismasse in eine Auflaufform geben, Äpfel darauf verteilen und restlichen Reis darübergeben. Für einen Reisauflauf mit Aprikosen oder Kirschen braucht man ca. 750 Gramm Früchte. Dazu Steinobst waschen, entsteinen und weiter verfahren wie bei den Äpfeln. Backen wie im Rezept beschrieben.

200 g	getrocknete, entkernte Pflaumen oder Aprikosen
1 l	Milch
1	Prise Salz
250 g	Milchreis
4	Eier
80 g	Butter
80 g	Zucker
	abgeriebene Schale von ½ unbehandelten Zitrone
	Butter für die Form
	einige Butterflocken

1 Getrocknete Früchte über Nacht in Wasser einweichen. Durch ein Sieb abgießen und gut abtropfen lassen. Milch in einem Topf erwärmen, Salz und Reis zufügen. Nach Packungsangabe weich kochen. Topf vom Herd nehmen und abkühlen lassen.

2 Backofen auf 180 °C vorheizen. Eier trennen. Butter in einer Schüssel schaumig rühren, Eigelbe, Zucker, Zitronenschale und Milchreis langsam unterrühren. Eiweiße steif schlagen und unterheben.

3 Eine Auflaufform buttern. Die Hälfte der Reismasse einfüllen, Pflaumen oder Aprikosen und restlichen Reis darauf verteilen. Mit Butterflöckchen belegen und ca. 60 Minuten auf mittlerer Schiene im Ofen überbacken.

Früchte kandieren

Zucker spielt beim Haltbarmachen von Obst oder Gemüse eine große Rolle: Ob beim Einmachen oder bei der Herstellung von Konfitüre, ohne Zucker geht es nicht. Eine ganz besonders süße Leckerei zaubern Sie durch das Kandieren von Früchten. Dieses Verfahren stammt aus dem Vorderen Orient und aus China, wo schon vor Jahrhunderten Früchte in Honig eingelegt wurden. Die Römer verhalfen diesen Spezereien dann auch bei uns zu größerer Bekannt- und Beliebtheit.

Das Kandieren von Früchten ist ein bisschen aufwendig, daher sollte man etwas Zeit einrechnen. Die Herstellung dauert – je nachdem, ob Sie Obststücke, Scheiben oder ganze Früchte kandieren wollen – zwischen 5 und 14 Tagen. Zum Kandieren geeignet sind viele Obstsorten, unter anderem Kirschen, Birnen, Weintrauben, Erdbeeren, Pfirsiche, Ananas, Zwetschgen, Orangen, Zitronen und Mandarinen.

Und so wird's gemacht:

Früchte waschen, entsteinen oder Kerngehäuse entfernen und nach Belieben in Scheiben oder Stücke schneiden. Ganze Früchte am besten mit einer dicken Nadel einstechen. Obst in eine Schüssel legen. Aus Wasser und Zucker (Mischungsverhältnis 1 : 1) eine Zuckerlösung herstellen, Obst damit bedecken und über Nacht stehen lassen. Obst über einem Sieb abgießen, Zuckerlösung auffangen und aufkochen. (Durch das wiederholte Aufkochen wird die Zuckerlösung immer konzentrierter, das heißt, der Zuckeranteil steigt.) Obst wieder mit Zuckerlösung bedecken. Wiederholen, bis die Früchte vollständig mit Zucker durchdrungen sind (mindestens 5 Tage lang). Früchte über einem Sieb abgießen und auf einem Kuchengitter trocknen lassen. Die fertig kandierten Früchte sind nun fast unbegrenzt haltbar. Am besten bewahrt man sie in Plastikdosen auf und um ein Zusammenkleben zu verhindern, legt man zwischen die einzelnen Früchte Butterbrotpapier.

Dieses Verfahren lässt sich auch bei Blumenblüten anwenden. Kandierte Blüten sehen beispielsweise als Dekoration für Torten sehr hübsch aus. Dazu Blüten oder Blütenblätter in Eischnee tauchen, dann von allen Seiten mit Zucker bestreuen und bei 50 Grad im Ofen trocknen. Grundsätzlich kann man alle essbaren Blüten kandieren, besonders geeignet sind kleine Blüten oder einzelne Blütenblätter großer Blumen, wie beispielsweise Gänseblümchen, Veilchen, Rosenblätter oder die Blüten von Salbei, Lavendel und Borretsch.

Vanillezucker:

Der Geschmack von selbst gemachtem Vanillezucker lässt sich nicht mit gekauften Produkten vergleichen, da diese in der Regel mit dem synthetischen Vanillin hergestellt werden.

1 Stange Bourbonvanille
200 g Zucker

Vanillestange vorsichtig auf die Handflächen klopfen, der Länge nach halbieren und Mark herauskratzen. Zucker und Vanillemark mischen und in ein gut schließendes Schraubglas füllen. Für einen intensiveren Geschmack kann man die Schote in kleine Stücke schneiden und ebenfalls unter den Zucker mischen.

Omas Rotwein-Nuss-Kuchen mit Kirschen

Walnüsse lassen sich trotz ihres hohen Fettgehalts gut in der Küchenmaschine reiben. Falls keine Walnüsse zur Hand sind, kann man diesen leckeren Kuchen auch mit Haselnüssen probieren.

Für 1 Backblech (30 x 36 cm):

5 Eier
Salz
200 g weiche Butter
200 g Zucker
1 Päckchen Vanillezucker
1 TL Zimtpulver
1 TL Kakaopulver
100 g geriebene Schokolade
250 g Mehl
1 Päckchen Backpulver
100 g geriebene Walnüsse
125 ml Rotwein
1 Glas Sauerkirschen (ca. 350 g Abtropfgewicht)
200 g dunkle Kuvertüre
je 2–3 EL weiße Schokoladenraspel und gehackte Walnüsse zum Dekorieren
Backalufolie für das Backblech

1 Backofen auf 180 °C vorheizen. Backblech mit Backalufolie so auslegen, dass ein 30 x 36 cm großes Rechteck entsteht.

2 Eier trennen. Eiweiße mit 1 Prise Salz zu sehr steifem Schnee schlagen. Eigelbe mit Butter, Zucker und Vanillezucker schaumig rühren. Zimt, Kakao, Schokolade, gesiebtes Mehl, Backpulver, Nüsse und Rotwein unter die Schaummasse ziehen. Eischnee unterheben.

3 Sauerkirschen über einem Sieb abgießen. Teig auf der Backalufolie verstreichen und Kirschen gleichmäßig darauf verteilen. Ca. 60 Minuten im Ofen backen, abkühlen lassen.

4 Kuvertüre im heißen Wasserbad schmelzen und in dünnen Fäden über den Rotweinnusskuchen ziehen. Weiße Schokoraspeln und Walnussstückchen darüber verteilen.

Anzucht: Als Anzucht bezeichnet man das Heranziehen junger Pflanzen. Einige von ihnen, die keinen Frost vertragen und eine lange Kulturzeit haben wie etwa Auberginen oder Tomaten, werden z. B. in einem Frühbeet, Gewächshaus oder auf der Fensterbank vorgezogen und später ausgepflanzt statt direkt in ein Beet im Freien gesät.

Auspflanzen: Vorkultivierte Setzlinge können, wenn kein Frost mehr auftritt, in vorbereitete Beete im Freien ausgepflanzt werden. Man kann die Pflanzen entweder selbst vorkultivieren oder Setzlinge in einer Gärtnerei oder auf einem Wochenmarkt kaufen.

Blanchieren: Beim Blanchieren werden Lebensmittel kurzzeitig in kochendes (oft gesalzenes) Wasser getaucht beziehungsweise kurz mit siedendem Wasser übergossen und mit Eiswasser abgeschreckt. Im Unterschied zum Kochen bleibt Gemüse beim Blanchieren knackiger.

Dampfentsafter: Ein Dampfentsafter ist ein aus Aluminium, Edelstahl oder emailliertem Stahl bestehendes Gefäß, das sich für die Verarbeitung mittelgroßer Obstmengen (je einige Kilogramm) eignet und entweder über ein strombetriebenes Heizelement verfügt oder auf einem Herd betrieben wird. Im unteren Teil des Entsafters wird Dampf erzeugt, der beim Aufsteigen die Zellstruktur der Früchte zerstört und den Fruchtsaft freisetzt.

Dörrapparat: Mithilfe dieses speziellen Apparats kann man Dörrobst herstellen und z. B. Pilze trocknen. Die Geräte bestehen aus mehreren Etagen. Von außen wird Luft angesaugt, erwärmt und durchläuft die einzelnen Etagen, während die erwärmte Luft den dortigen Lebensmitteln die Feuchtigkeit entzieht. Die feuchtigkeitsgesättigte Luft wird wieder nach außen geleitet.

Fermente: Fermente, auch Enzyme genannt, sind Proteine, die biochemische Reaktionen beschleunigen. Der Begriff Ferment bedeutet Gärungsmittel.

Fruchtmaische: Bei der Herstellung einer Maische wird das Obst stark zerkleinert, sodass ein dickflüssiger Brei aus feinen Obststückchen entsteht.

Fruchtwechsel/Mischkultur: Fruchtwechsel und Mischkultur steigern durch optimale Nährstoffnutzung, Wachstum und Ertrag von Gemüse und beugen Krankheiten und Schädlingsbefall vor, die auf bestimmte Arten spezialisiert sind. Beim Fruchtwechsel werden auf einer Fläche in regelmäßigen Abständen hintereinander verschiedene Pflanzen angebaut. Hier ist auf eine Variation von Gemüsen aus verschiedenen Pflanzenfamilien mit unterschiedlichen Ansprüchen (z. B. Abwechseln zwischen Flachwurzlern wie Zwiebeln und Spinat und Tiefwurzlern wie Möhren oder Rote Bete) zu achten. Bei einer Mischkultur werden verschiedene Gemüsearten nebeneinander angebaut. Durch Wachstum, Duft- oder Inhaltsstoffe schrecken die einen Pflanzenarten Schädlinge der anderen ab (z. B. bei Möhren und Zwiebeln).

Fuchsbandwurm: Der Fuchsbandwurm ist eine Bandwurmart, die vor allem Rotfuchs, Polarfuchs und Marderhund, seltener auch den Haushund parasitär befällt. Beim Menschen löst er die alveoläre Echinokokkose, eine lebensgefährliche Wurmerkrankung, aus. Der Übertragungsweg auf den Menschen ist noch nicht eindeutig geklärt, es ist jedoch nicht auszuschließen, dass Früchten, Beeren oder Pilzen in Bodennähe Bandwurmeier anhaften können.

Horde: Eine Horde ist ein Gestell zum Trocknen z. B. von Trockenobst.

Hügelbeet: Eine Alternative zu einem flachen Beet ist ein Hügelbeet. Es erwärmt sich durch die Aufschichtung mit Kompost schneller, wodurch Wachstum und Reife beschleunigt werden, und nützt die Bodenfläche besser aus. Hügelbeete sollten 80–90 Zentimeter hoch und 150–180 Zentimeter breit sein. Normalerweise sind sie rund 2–3 Meter lang. Zuerst hebt man auf der beabsichtigten Fläche, am besten in Nord-Süd-Richtung, den Boden ca. 25 Zentimeter tief aus, anschließend wird zum Schutz gegen Wühlmäuse ein feinmaschiges Drahtnetz untergelegt. Den Kern des Beets bildet eine etwa 50 Zentimeter hohe schmale Lage aus grob zerkleinerten Ästen und Zweigen. Darauf kommen eine rund 15 Zentimeter dicke Schicht Frischkompost und 20 Zentimeter dicht geschichtetes, gut angefeuchtetes Laub. Den Abschluss bilden 15 Zentimeter Reifekompost und 15 Zentimeter Gartenerde.

Kompott: Ein Kompott ist eine Süßspeise aus eingemachtem oder gekochtem Obst. Es wird aus ganzem oder zerkleinertem Obst hergestellt, das in einer Flüssigkeit sanft gegart wird.

Markiersaat: Einige Samen, z. B. von Karotten, Petersilie oder Zwiebeln, liegen sehr lange im Boden, bevor sich der Keim an der Oberfläche zeigt. Um die schneller wachsenden Unkräuter frühzeitig bekämpfen zu können, ohne die Samen beim Jäten versehentlich wegzuhacken, muss man die Reihen mit den Aussaaten der Nutzpflanzen kenntlich machen. Hierzu dient eine Markiersaat, also schnell keimende Sorten, die in den gleichen Reihen wie die langsam keimenden Nutzpflanzen gesät werden.

Milchsäuregärung: Die Milchsäuregärung ist ein Prozess des Energiestoffwechsels bei Lebewesen wie etwa Milchsäurebakterien, bei dem verschiedene Zucker zu Milchsäure abgebaut werden.

Oxalsäure: Oxalsäure kommt in Knöterichgewächsen wie z. B. Rhabarber vor, aber auch andere Pflanzen enthalten geringe Mengen davon. Sie ist eine starke Säure, die in höherer Konzentration als gesundheitsschädlich und giftig eingestuft wird. Bei den durchschnittlich verzehrten Mengen an Rhabarber ergeben sich jedoch in der Regel keine gesundheitlichen Gefahren. Wer zu Gicht oder Nierenkrankheiten neigt, sollte jedoch vorsichtig sein, da hier das Risiko einer Nierensteinbildung gegeben ist.

Palen: Das Herauslösen von einzelnen Bohnen oder Erbsen aus der Schote.

Parfait: Das Wort Parfait bezeichnet sowohl Terrinen, Pasteten und Sülzen als auch süße halbgefrorene Speisen.

Pflanzgefäße: Pflanzgefäße gibt es in verschiedenen Materialien (Ton, Terrakotta, Stein, Holz, Kunststoff), Formen (Tröge, Kästen, Kübel, Wannen, Ampeln, Fässer) und Größen. Ein Pflanzgefäß sollte lieber zu groß als zu klein gekauft werden, um genügend Wurzelraum zu bieten. Im Freien aufgestellte Gefäße müssen Bodenlöcher haben, durch die das Wasser ablaufen kann.

Saatgut: Die meisten Gemüsesorten müssen jährlich, einige sogar mehrmals im Jahr erneut aus Samen herangezogen werden. Am besten kauft man Pflanzensamen im Fachhandel, nur bei seltenen Gemüsearten wie etwa Pastinaken lohnt es sich, selbst Samen zu sammeln. Da viele Samen nur 2 bis 4 Jahre keimfähig bleiben, sollten sie nach Ablauf des Verfallsdatums nicht mehr verwendet werden. Wichtig ist die Sortenwahl, da es spezielle für bestimmte Anbauformen und -zeiten geeignete Sorten gibt. Auch Resistenz, Wuchsform, Frosthärte, Kulturdauer und -ort sollten beachtet werden.

Salate: Der Gartensalat wird in verschiedenen Formen kultiviert. So gibt es Kopfsalat oder Blattsalat (auch Pflücksalat). Wie der Name schon sagt, bildet der Kopfsalat Köpfe, während die Blätter des Blattsalats nach und nach von außen nach innen geerntet werden. Zu den Blattsalatsorten gehören z. B. der Eichblattsalat sowie Lollo bionda und Lollo rosso.

Schädlinge: Wer selbst Obst und Gemüse anbaut, hat bisweilen auch mit einigen Schädlingen zu kämpfen. So werden etwa Apfelbäume von Apfelsägewespen, Apfelwicklern und Blutläusen befallen, Kirschbäume von Kirschblattwespe und Kirschfruchtfliege, Karotten von Möhrenfliegen und Kohlgewächse vom Kohlweißling.

Sorbet: Ein Sorbet ist eine halbgefrorene Speise aus Fruchtmus, Fruchtsaft und Zucker.

Unkraut: Als Unkraut bezeichnet man nicht gezielt angebaute, unerwünschte Pflanzen in Kulturpflanzenbeständen, in Grünland oder Gartenanlagen. Unkraut wird entweder aus ästhetischer oder wirtschaftlicher Sicht als störend empfunden. Die Einstufung von Wildkräutern als Unkraut ist jedoch subjektiv, sodass auch eigentlich nützliche Pflanzen wie Löwenzahn, Brennnessel oder Giersch oft als solches gelten.

Adressen

Bezugsadressen
Mühlenprofi
In der Trift 12
56457 Westerburg
Telefon: 02663/9170 453
Fax: 02663/9170 455
E-Mail: info@muehlenprofi.de
Internet: www.muehlenprofi.de
Getreidemühlen, Entsafter

Andreas Weishaupt
Getreidemuehlen-Profi.de
Mittlere Stöckstr. 34
75180 Pforzheim
Telefon: 07231/4241563
Fax: 07231/4241564
E-Mail: info@getreidemuehlen-profi.de
Internet: www.getreidemuehlen-profi.de
Getreidemühlen, Dörrgeräte, Saatschalen, Keimgeräte

Meyers Mühle KG
Ohechaussee 20
22848 Norderstedt
Telefon: 040/52 86 11 00
Fax: 040/52 86 11 42
E-Mail: info@meyers-muehle.de
Internet: www.shop.meyers-muehle.de
Gärtöpfe und Zubehör

www.gärtopf.de
Bötzseestr. 84
15345 Petershagen-Eggersdorf
Telefon: 03341/30 23 54
Fax: 03341/30 23 55
E-Mail: info@gaertopf-keramik.de
Internet: www.gärtopf.de
Gärtöpfe

Firma Jürgen Bandke
Gartenstr. 2
14913 Rohrbeck
Telefon/Fax: 03372/43 27 22
E-Mail: bestellung@einwecken.de
Internet: www.schraubglaeser.com
Schraubgläser und Zubehör

J. WECK GmbH u. Co. KG
Wehratalstr. 3
79664 Wehr-Öflingen
Telefon: 07761/935 0
Fax: 07761/57691
Internet: www.shop-weck.de

Hawlik Euro-Pilzbrut GmbH
Inselkammerstr. 5
82008 Unterhaching
Telefon: 089/6244748 0
Fax: 089/6244748 50
E-Mail: info@pilzshop.de
Internet: www.pilzshop.de
Pilzkulturen fürs Haus und fürs Freie, Gewächshäuser

GAMU
Hüttenallee 241
47800 Krefeld
Telefon: 02151/58940
Fax: 02151/589435
E-Mail: info@gamu.de
Internet: www.gamu.de
Pilzbrut, Pilzkulturen

Bingenheimer Saatgut AG
Ökologische Saaten
Kronstr. 24
61209 Echzell
Telefon: 06035/1899 0
Fax: 06035/1899 40
E-Mail:
info@bingenheimersaatgut.de
Internet:
www.bingenheimersaatgut.de
Saatgut

Samenhaus.de
Raiffeisenstr. 18
75210 Keltern
Telefon: 07236/130887
Fax: 07236/932406
E-Mail: info@samenhaus.de
Internet: www.samenhaus.de
Obst-, Gemüse- und Kräutersamen

TOM - Garten
ESH-Rhenania GmbH
Im Weideboden 12
57629 Norken
Telefon: 02661/94052 23
Fax: 02661/94052 52
E-Mail: info@tom-garten.de
Internet: www.tom-garten.de
Samen und Dünger

Gärtner Pötschke
Beuthener Str. 4
41561 Kaarst
Telefon: 01805/861 100
Fax: 01805/861 300
E-Mail: info@poetschke.de
Internet: www.poetschke.de
Samen, Pflanzgut

BALDUR-Garten GmbH
Elbinger Str. 12
64625 Bensheim
Telefon: 01805/1035 11
E-Mail: info@baldur-garten.de
Internet: www.baldur-garten.de
Pflanzen für Garten und Kübel, Dünger, Pilzkultursets

dm-folien gmbh
Hans-Böckler-Str. 21
72770 Reutlingen
Telefon: 07121/9118 0
Fax: 07121/9118 18
E-Mail: info@dm-folien.de
Internet: www.dm-folien.com
Gartenvlies, Folien, Anzuchthilfen, Frühbeetsysteme, Gartenzubehör

Internetadressen
www.selbstversorger.de
Informationen, Literatur und Links zum Thema Selbstversorgung

www.selbst-pfluecken.de
Bundesweite Adressen von Erdbeerplantagen zum Selbstpflücken

www.pilzfreunde-chemnitz.de/index.php?seite=pilzvereine
Bundesweite Adressen von Pilzberatungsstellen

Apfelkompott 117
Apfelkuchen mit Walnüssen 117
Bandnudeln mit Schinken und Erbsen 57
Bandnudeln mit Steinpilzsahne 100
Bärlauch-Cannelloni 34
Birnen mit Geist 124
Birnen-Torte 122
Blattsalat mit Knoblauch-croûtons 88
Brennnesselrisotto mit Champignons 101
Brombeerlikör 125
Brotbacken 136
Brunnenkressesuppe 20
Bunter Salat mit Himbeeren 50
Chicorée mit Schinken 138
Chicoréesalat mit Mandarinen und Nüssen 131
Chinakohlgemüse 103
Chutneys, Relishes und Saucen 114
Einfache Brennnesselsuppe 24
Einlegen in Öl oder Essig 42
Einmachen und Einkochen 72
Eis selbst machen 80
Eisbein auf Sauerkraut 134
Endivien-Kartoffelsalat 93
Ente mit Apfelfüllung und Rotkohl 146
Erdbeereis 80
Erdbeerkonfitüre 73
Essig und Öl aromatisieren 42
Essiggurken selbst gemacht 55
Fleischbrühe mit Grießnocken 94
Forellen auf Fenchelgemüse 112
Forellenfilet auf Mangold 70
Frische Pilze aus dem Garten oder vom Balkon 99
Frischkäse selbst gemacht 37
Früchte kandieren 152
Frühlingssalat 15
Frühsommer-Rumtopf 124
Fünf-Minuten-Brot 137
Gefüllte Kohlrabi 28
Gemüseeintopf mit Nudeln 141
Giersch-Risotto 29
Grüne Bohnen mit Schweineschnitzel 106
Grünkohl mit Pinkel 148
Hausgemachte Nudeln 30
Heidelbeerdatschi 78
Himbeerlikör 125
Himbeersorbet 81
Holunderküchlein 40
Hühnerbrust auf Tomaten-Rucola-Gemüse 58
Joghurt selbst gemacht 36
Joghurt-Kirsch-Eis 80
Johannisbeerauflauf 77
Johannisbeerwein 125
Kalbsschnitzel mit Johannisbeersoße 60
Kalte Gurkensuppe mit Rucola 52
Karotten-Apfel-Salat 89
Karpfenfilet mit Meerrettichsauce 149
Kartoffel-Gurken-Pfanne mit Schinken 66
Kartoffel-Karotten Eintopf mit Schweinebauch 108
Kartoffelsuppe mit Würstchen 132
Kirschen und Erdbeeren in Gelee 38
Knackiger Feldsalat mit Birne 130
Konservieren mit Essig 54
Kopfsalat 14
Kürbiseintopf 107
Kürbisketschup 115
Lamm-Tomaten-Eintopf 68
Lasagne mit Giersch und Spinat 65
Limonaden und Obstsäfte 46
Löwenzahnsalat mit warmer Speck-Marinade 49
Mangold-Omelett 56
Mediterranes Zucchinigemüse 62
Mirabellenkonfitüre 73
Panierte Steinpilze 102
Paprika-Zucchini-Relish 114
Pastinaken in Sahnesauce 142
Paulas Blitz-Sorbet 81
Pellkartoffeln mit Schnittlauchquark 26
Pesto 43
Pfifferlinge mit Rührei 99
Pflaumenklöße 121
Pilze im Wald sammeln 98
Pilzsuppe mit Semmelknödeln 96
Quarknocken mit Herbst-Kompott 118
Quittenparfait 120
Radieschen-Nudelsalat 18
Ravioli mit Spinatfüllung 32
Reisauflauf mit Trockenfrüchten 150
Rettichsalat 19
Rhabarberstrudel 41
Richtig lagern 86
Rote-Bete-Salat mit Nüssen 90
Rote-Bete-Suppe 92
Rumtopf, Likör und Wein 124
Saft selber machen 46
Sauerkraut selber machen 129
Sauerkrautspätzle 144
Säuern und salzen 128
Sauerteigbrot 137
Spargelsuppe 25
Spinatsalat mit Radieschen 16
Stachelbeer-Chutney 114
Stachelbeermousse 76
Steckrübenmus 140
Süßsaure Salatgurke 55
Tomatenketschup 115
Tomaten-Rucola-Salat mit Mozzarella 48
Trocknen und Dörren 82
Überbackener Blumenkohl und Brokkoli 110
Überbackenes Zwiebel-Apfel-Mus 96
Vorratshaltung von (Wild-)Kräuter 22
Weißkohlsuppe 132
Wildkräuterklöße 35
Wirsingauflauf 111
Zitronencreme mit Brombeeren 74
Zucchini-Auflauf mit Kartoffeln 64
Zucchini-Chutney 115
Zwiebelkuchen 116

Äpfel 10, 11, 46, 47, 83, 86, 89, 96, 115, 117, 129, 144, 146, 150
Apfelsaft 47, 50, 96, 134
Aprikosen 9, 150
Aubergine 156
Bandnudeln 30, 31., 57, 100
Bärlauch 15, 22, 29, 34, 43
Basilikum 34, 43, 88
Bauchspeck 148
Birnen 47, 83, 86, 118, 122, 124, 130, 134, 152
Blumenkohl 110
Bohnen 8, 11, 104, 141
Brennnesseln 22, 24, 35, 43, 101
Brokkoli 11, 110
Brombeeren 74, 125
Brunnenkresse 20, 22
Brustspitz 94
Butterkekse 120
Champignons 98, 99, 101
Chicorée 14, 131, 138
Chilischote 115
Chinakohl 87, 103
Dill 23, 55, 66, 82, 107
Endiviensalat 87, 93
Ente 146
Erbsen 8, 57
Erdbeeren 38, 73, 80, 81, 124, 152
Feldsalat 8, 14, 22, 88, 130
Fenchelknollen 112
Fleischtomaten 48, 68
Forellen 70, 112
Frischkäse 30, 32, 37, 43, 134
Frühlingszwiebeln 24, 29
geräucherter Speck 133, 140, 144
Gierschblätter 29, 65
Grünkohl 87, 148
Gurken 8, 9, 11, 20, 52, 55, 66
Hackfleisch 28, 34, 111
Haselnüsse 41, 122, 154
Heidelbeeren 11, 78
Himbeeren 11, 50, 74, 81, 125
Holunderbeeren 47, 118
Holunderblütendolden 40, 46
Hühnerbrust 58
Joghurt 16, 19, 36, 52, 80, 81, 130, 131
Johannisbeeren 11, 47, 60, 77, 124, 125
Johannisbeergelee 60
Kalbsschnitzel 60
Karotten 11, 16, 18, 46, 87, 89, 108, 133, 140
Karpfenfilets 149
Kartoffeln 8, 9, 11, 26, 64, 66, 93, 104, 107, 108, 110, 121, 132, 133, 140, 141
Kasseler 148
Kirschen 10, 11, 38, 47, 80, 81, 114, 124, 150, 152, 154
Kirschsaft 38
Knoblauchzehen 32, 56, 65, 68, 114, 115, 116, 134
Kochschinken 64, 66, 110, 138
Kochwürste 148
Kohlrabi 9, 11, 28, 132
Kopfsalat 14, 15
Kresse 18, 20, 22
Kürbis 107, 115
Lammrücken 68
Lasagneblätter 30,.31, 65
Lauch 87, 94, 141, 142, 148
Lorbeerblätter 55, 129, 134, 144
Lollo rosso 14, 50, 88
Löwenzahn 15, 22, 35, 43, 49, 58
Majoran 104, 133
Makkaroni 18, 111
Mandarinen 9, 131, 152
Mandeln 146
Mangold 56, 70
Meerrettich 149
Milchreis 150
Mirabellen 73
Naturjoghurt 16, 19, 131
Nudelteig 30, 31, 32
Orange 9, 46, 60, 73, 83, 152
Oregano 29, 34, 37, 65, 82, 114, 141
Paprikaschote 114
Pastinake 87, 141, 142
Perlzwiebeln 55
Petersilie 18, 23, 28, 29, 43, 68, 82, 92, 100, 101, 106, 108, 133, 142
Petersilienwurzel 94
Pfifferlinge 98, 99
Pflaumen 72, 121, 124, 150
Pinkel 148
Quitten 120
Radieschen 8, 16, 18
Räucherspeck 49, 101, 116, 132
Rettiche 19, 87
Rhabarber 41
Risotto 29, 101
roher Schinken 35, 110
Rosenkohl 87
Rosmarin 23, 37, 68, 73, 82
Rote Bete 90, 92
Rotkohl 9, 87, 129, 146
Rotwein 68, 154
Rucola 14, 22, 43, 48, 50, 52, 58, 88
Rum 124, 125
Salatgurken 52, 55, 66
Salbeiblätter 32, 134
Sauerkirschen 80, 114, 154
Sauerkraut 129, 134, 144
Sauerteig 137
Schinken 35, 57, 64, 66, 110, 138
Schmorgurken 66
Schnittlauch 26, 23, 25, 82, 88, 94, 99, 110, 133
Schweinebauch 108
Sellerie 8, 23, 87, 94
Spargel 22, 25
Spinat 15, 16, 30, 32, 56, 65
Stachelbeeren 76, 114
Staudensellerie 130, 141
Steckrüben 87, 140
Steinpilze 98, 99, 100, 102, 106
Suppengrün 133
Thymian 23, 29, 37, 64, 65, 68, 82, 114, 146
Tomaten 9, 11, 15, 18, 29, 34, 48, 58, 64, 65, 68, 104, 114, 115, 141
Tomatenketchup 28, 68, 114, 115
Tomatensaft 29
Walnüsse 89, 96, 117, 154
Walnusskerne 90, 130
weiße Bohnenkerne 141
Weißkohl 9, 11, 129, 132
Wiener Würstchen 133
Wildkräuter 22, 23, 35
Williams Schnaps 124
Wirsing 9, 87, 111
Wodka 125
Zitronen 9, 38, 46, 52, 74, 77, 80, 96, 107, 112, 118, 120, 149, 150, 152
Zucchini 8, 10, 11, 62, 64, 114, 115
Zwetschgen 11, 83, 118, 152
Zwiebeln 8, 11, 16, 20, 24, 25, 26, 28, 29, 34, 35, 55, 58, 65, 68, 90, 96, 99, 101, 103, 104, 106, 108, 111, 115, 116, 132, 134, 140, 141, 144, 146, 148

Die farblich gekennzeichneten Zutaten sind Lebensmittel aus dem Garten, vom Balkon oder zum Sammeln in der Natur bzw. aus der Vorratshaltung oder zum Selbermachen.